千寻 与世界相遇

千寻

总策划　杨旭恒
项目编辑　云海燕
装帧设计　木
内文排版　史　明
责任印制　盛　杰
营销编辑　火　包

给教师的建议

〔苏〕B.A.苏霍姆林斯基 著　朋腾 译

Сто Советов Учителю

云南出版集团　晨光出版社

Preface 推荐序

在帕夫雷什学校认识苏霍姆林斯基

两年前，我有幸来到乌克兰，访问了距基辅 2 小时车程的帕夫雷什学校。苏霍姆林斯基在这里任校长长达 22 年，帕夫雷什学校被列为世界上最著名的实验学校之一。这次访问是一个契机，在教育现场弥补了缺失的重要一课——对苏霍姆林斯基这位伟大教育家的认知。

苏霍姆林斯基的教育学，研究者表达为情感教育、道德教育、生命教育等等；但是，参观了学校，回国后打开他的著作，就感到这种抽象定位与他用全身心拥抱的，充满理想、激情和道德感又坚定而清晰的教育活动的明显反差，就像用图片概括大海与天空那样。

苏霍姆林斯基的著作被称作"教育百科全书"和"活的教育学"。生命只有 52 年的苏霍姆林斯基写出了 41 部专著，600 多篇论文，1200 多个童话、故事、小说，以及 1700 个儿童发展的个案。没有什么比"1700 个儿童"更能打动人心,彻悟苏霍姆林斯基"把爱全部给孩子"这样的情怀和践行。

苏霍姆林斯基的教育学首先是"人的教育"。

学校奉行的教育哲学是:"人——是最高价值""教育学——是人学"。教育目标是培养"真正的人""大写的人",其他的一切都是手段。他的女儿卡娅说:"正是我父亲,第一个把'人性'引入了苏维埃教育。"

苏霍姆林斯基深信,"小学时期是一个人形成接受教育能力的最关键时期,其实质在于形成对人的需要"。教师必须持坚定的儿童立场,"爱儿童"和"相信孩子"。为此,要努力把自己变成孩子。"教师对儿童的爱,不是本能的爱——而是睿智的人道主义之爱,这种爱,包含着对学生人性的深刻认知,对学生个性中一切优缺点的深刻理解,因而充满崇高精神——这种爱,是教会人生活的爱,它绝非轻而易举,这要求教师集中心灵的全部力量,并始终不渝地做出奉献。"

这种"人的教育"是建立在情感教育和美育之上的。

"情感是道德发生的基础。""教会孩子体会和了解周围的人,用心灵去感受他们——这好似花园中最幽香的那朵花,它的名字就叫情感教育。""情感,是道德信念、原则性和精神力量的血肉和心脏。"必须坚持"情感理性"。而情感是和美感紧密相连的。只有重视美育，才可能培育出和谐发展的"好人""真正的人"；"一个人，只有当他能发现晚霞之美、发现飘浮于天空的云彩之美时，只有当他能倾听夜莺婉歌、体验对苍穹之美的赞赏时，他才成了人。"他在《公民的诞生》一书中写道："在少年期，情感教育与美育的统一，有着特殊的意义。这在本质上是一个全新的思维阶段……个人对社会的、公众的思想所持的情绪美学态度越是鲜明，其道德情感也就越深刻。"

因而，"教学——这首先是人与人之间的相互关系，是精神价值的交流，是发自内心的善意和相互同情的赠予，整个学校生活应当渗透着人道精神。""教师的十分重要的任务，就是唤起孩子具有情绪的敏锐性、注意的深刻性、情感的精确性。"

苏霍姆林斯基关于教育的真知灼见，也警醒着如今的教育：

——以教师的热情点燃孩子的求知火花，杜绝死记硬背，焕发孩子们的智力自尊；主张"没有惩罚的教育"，全力保护孩子的自尊。

——"决不允许热衷于那些'高效快速'的教学法，

因为那些教学法是把儿童的头脑当作能够无限储存信息的电子机器来使用。儿童是有生命的,他的大脑是最精密、最柔嫩的器官,我们应该小心翼翼地对待和爱护它。"

——教育要为孩子创造欢乐。他坚决反对"以苦代乐",认为教育应当"刻苦而不痛苦";因为要"促使孩子成为有教养的人,首先要让其获取欢乐、幸福及对世界的乐观主义感知",从而使教育学真正获得人道主义性质。

——"拥有可以自由支配的时间,是个性发展的一个重要条件。""只有儿童、少年、青年按照自己的愿望(这种愿望当然需要培养)每天自由利用不少于五六个小时的课余时间,才能培养出聪明的、全面发展的人。如果做不到这一点,一切关于发展素质和爱好、培养能力和志向的议论都不过是空谈而已。"

苏霍姆林斯基的真正价值,就在于他超越了政治功利和意识形态标签,直抵教育的真谛,回归儿童,回归人性,培养正直和善良的人。正因为他坚持教育的人道主义、主张以学生为主体,坚持独立人格和自由思想,他成了一个"另类"。他获得了体制的最高荣誉,两次获得"列宁勋章",成为苏联教育科学院通讯院士,还获得过"乌克兰加盟共和国功勋教师"的称号;但在苏联教育科学院,特别在苏共中央高层眼里,他是一个离经叛道的异己分子。这是一个令人震惊的事实:他的大部分著作在他生前都未能出版。

如今,历史早已为他"平反"。生前在苏联备受责难的苏霍姆林斯基,成为当之无愧的世界级教育家,也无可争议地成为对中国影响最大的前苏联教育家。2017年10月,联合国教科文组织公认苏霍姆林斯基为世界文化教育名人,2018年在不同国家举办了苏霍姆林斯基100周年诞辰的纪念活动。

值此千寻Neverend重新出版苏霍姆林斯基《给父母的建议》《给教师的建议》之际,以此文为序,以践行和发扬苏霍姆林斯基的思想,培养"真正的人""大写的人"。

杨东平

21世纪教育研究院理事长

Preface 自序

教师们的焦虑

我写作这本书的灵感,来源于我在帕夫雷什中学工作时同新手教师无数次的会面和谈话,以及我收到的上千封他们的来信。

我了解几十种职业,但我确信,这世间没有哪种职业比教师更富有求知精神、更有上进心、更充满创造性。我永远不会忘记来自遥远的卡巴尔达山村的一位年轻女教师。在大学毕业后开始教英语的第一年里,她遇到了许多困难。这位姑娘本来急切地盼望着在工作中迈出富有创造性的第一步,期待着与学生进行精神交流时碰撞出的欢乐。然而,事实却是,她感到自己没有从事教育事业的天赋,她似乎并不擅长做教师。

在她的一封封充满焦虑的来信中贯穿着一个问题,那就是什么是天赋?如何确认自己拥有某些方面的天赋?如何培养自己对所从事的事业的热爱?我的回信并没有让她满意，于是她亲自来访，希望能通过当面对话来消除困扰自己许久的疑惑。

"我将到上百所学校去，与上千名教师交流，"年轻的女教师说，"但我应该弄清楚，我到底有没有从事儿童教育事业的天赋。"

每一个有文化、有教养的人都向往在创造性劳动中获得快乐，都追求从事创造性劳动所收获的充实生活。关键在于，如何发掘自己在教育年轻一代这项崇高事业上的才能，如何在这样一种世间最有趣、最复杂、最富有人道主义精神的事业中找到自己的价值。

这一令人深感不安的问题经常出现在我所收到的成百上千封来信中和无数次交流对话中。渴望找寻这一问题答案的，不仅有刚从中学毕业的年仅十七岁的姑娘，也有师范学院的毕业生，甚至有初尝成功喜悦和失败痛苦的年轻教师。在这本书中，我将回答这些问题，以此开启我给教师们的实际建议。

教师是一种研究人的职业,需要长期不间断地深入人复杂的精神世界之中。

——〔苏〕B.A.苏霍姆林斯基

目录 Contents

教育的使命是什么,教师的使命感如何形成　1

关于教师的健康和精神生活的充实;关于工作的快乐　9

在日常生活中如何防止神经衰弱　16

充满爱意和关怀　22

请记住,没有也不可能有一个抽象的学生　29

时间从哪儿来?每天仅有 24 小时　36

教师的时间与教学阶段的相互依存　40

关于中小学生基础知识的记忆与存储　44

发展学生思维——"两份教学大纲"　48

对"学困生"所做的工作　52

知识——既是目的也是手段　57

关于获取知识　61

如何引导学生从认识事实到了解抽象真理　65

关于首次学习教材　69

思考新教学内容是课堂教学的环节之一　73

77　怎样使检查家庭作业变成一项高效的脑力劳动

80　评价应当有分量

83　学习之母不应该成为后妈

86　怎样减轻批改作业的负担

89　学生上课时能进行积极活动的学习内容

93　教学生观察，教学生看

96　如何利用阅读发展知识

98　阅读——学习困难学生智力发展的重要手段

100　不要让能力和知识之间比例失衡

106　兴趣的奥秘何在

111　要赢得学生的思想和心灵

118　如何使思想和公民尊严感融为一体

121　传播知识和参与社会活动

123　如何按季节安排学生学习

127　关于学生的精神生活

为避免负担过重，自由活动很有必要　130

引导孩子充分用好自由活动的时间　135

引导学生发现兴趣的来源　138

引导学生热爱劳动　141

如何让学生专注　147

直观是认识的方法，是认识途中的指路之光　151

给新手教师的建议　157

给即将教一年级的教师的建议　162

如何研究学前儿童的思维　165

如何让孩子的思维和智力得到有效发展　170

如何加强学生的记忆力　172

爱护并发展青少年的记忆力　174

让孩子爱上画画　177

如何让孩子流利地书写　180

让孩子学会左右手协调工作　182

184	给在较大型学校里任教的教师的一些建议
188	给在单班制学校任教的教师的建议
191	教师应制订哪些计划
194	关于撰写教育日记的建议
198	教师如何教育自己的子女
201	谁在教育孩子，孩子的教育都取决于谁
207	如何让父母学会给孩子提供良好的家庭教育
214	如何让教师的话走进学生的内心
219	作为教育者的父亲和母亲如何做到行动统一
224	什么是情感教育训练
229	如何让孩子自主学习
232	如何随着孩子的成长和发展而加深对家长的教育工作
236	如何和家长一起领导孩子劳动
239	如何通过劳动使孩子的心灵和人性高尚
241	如何与家长们一起教育未来的母亲和父亲

作为教育者,教师需要具备哪些素养　245

集体是教育的工具,如何建立集体,如何维系集体　251

集体如何成为促进个性全面发展的工具　257

如何培养服从和领导的技能,以精神上的高要求进行教育　261

如何激励人们不断发展道德、完善自身　264

青年是如何成熟起来的　266

不要害怕困难,没有它就谈不上对青年进行理想教育　270

要保护青年内心激情的纯洁性　271

多年龄层集体并非空中楼阁　274

想办法让受教育者同时成为教育者　277

请教育集体不要对孤独漠不关心　280

教育学生不说空话　283

如何让学生学会自我教育　286

如何正确地与孩子进行个别谈话　290

如何激发学生在道德上进行自我教育　297

305	如何引导学生在劳动和学习的过程中进行自我教育
310	如何在脑力劳动中培养自律精神
316	如何在体育中唤醒学生的自我教育意识
319	在哪些条件下,集体才能成功实现教育个人的职能
326	在学校集体中什么可以讨论、什么不可以讨论
331	集体的课余活动体现在哪些方面
336	什么是课堂上的思想教育
343	要让美德极富吸引力
346	什么是教师的权威,应如何呈现
349	如何珍惜孩子的信任
356	要用书籍、智慧和信念去影响学生的内心
359	如何做教育工作计划
363	如何与集体进行有教育作用的谈话
370	如何与懒惰作斗争
375	最后一条建议——保密……

教育的使命是什么，教师的使命感如何形成

正如世界上任何一种需具备专业技能、具有一定目的性和系统性的工作一样，教育也是一项专业的工作。但同时，它也是一种具有自身特殊性的职业，拥有许多特定属性。

首先，教育是生活中最复杂也最为珍贵的事业，是一项关乎人的发展的事业。无论是人们的生活、健康、思想、品格、意志、公民意识和精神面貌的培养，还是他们在生活中的地位和作用，又或者是他们的幸福，都取决于教师的技能和智慧。可以说，教育是一项兼具技巧性和艺术性的事业。

其次，教育事业的成果往往要多年后才会显现。教师的言行和引导对学生的影响往往过五年或十年才会显现。

第三，儿童在成长过程中会受到很多人与事的影响，比如母亲、父亲、同学、所谓的"街头环境"、读过的书、看过的电影以及与能深刻影响年轻心灵的人的一次意外会

面等等。这些影响可能是积极的，但也可能是消极的。有些家庭里沉重压抑的气氛很有可能会对人的一生产生不可磨灭的影响。因此，亲爱的同行们，学校的使命及最重要的任务就是为人而奋斗，帮助儿童克服来自社会的消极影响，尽可能为儿童的自由发展提供条件。为此，每一位教师都必须对学生的个性发展发挥出最生动、有益的作用。"人的本性是如此丰富、有力且灵活，"D.I.皮萨列夫[1]曾写道，"它能在最坏的环境中依旧保持鲜活和美丽。"但是，儿童只有在一个聪明能干且富有智慧的教育者的引导下，才能最大程度上开发出自己的本性。

第四，教师的工作对象是独立个体的精神生活中最细微的领域，包括人的思维、感觉、意志、信念和自我意识。而在这项对学生的精神世界产生重要影响的工作中，教师最重要的工具是其语言、周遭世界和艺术的美，以及教师所创造出来的最能清晰反映人类关系中情感连接的情境。

最后，教师职业的创造性的最重要表现之一，是其工作对象是处于不断变化中的儿童。对于教师而言，儿童永远是新的人，今天永远与昨天不一样。我们的工作就是——培养人，这也使我们担负起了特殊且无可比拟的责任。

---

[1] 俄国19世纪著名哲学家、政论家。

以上就是教育工作的特点。那么教育事业的使命究竟是什么呢?从事教育事业需要具备哪些能力呢?这些能力又是如何被培养打磨出来的呢?

人类最本能的心灵需求就是与人交流,在人与人的交流中体会到快乐和满足。对于一部分人来说,由于各种原因导致这种需求很难得到发展,而对于另一部分人而言,这种心灵需求成了具有主导作用的性格特征。因此,有些人天性内向、沉默寡言,不善与人交流,更愿意离群索居,或者交往圈非常狭窄(当然,此处的"天性"与教育,尤其是儿童的早期教育紧密相关)。如果团队工作使你头疼,如果你更愿意独自工作或者与两三个朋友一起工作,那么就不要选择教师这个职业。

教师是一种研究人的职业,需要长期不间断地深入人复杂的精神世界之中。这个职业最重要的特征就是不断发现人身上新的东西,并对这种新的东西感到好奇,能看见处于发展过程中的人,这是滋养教育才能的源泉。我坚信,这一源泉是人在童年和少年时期形成的,是在家庭和学校里培养的,它来自父母、教师等长辈的关爱。这种关爱在儿童的灵魂深处浸润出了他们对人的爱和尊敬。

如果你梦想成为一名教师,那么你一定要去锻炼和实习。设想一下，在你面前有四十个孩子。乍一看，这些孩子在外表上非常相似。但是经过四五天的相处，无论是通过森林徒步还是野外郊游，你都会发现每个孩子都是一个独一无二的世界。如果这个世界在你面前打开，你能感受到每个孩子的个性，每个孩子的喜悦和痛苦都能够打动你的心，你能够用智慧对每个孩子的担忧和焦虑作出回应，那么你一定要选择教师这个高尚的职业。在教师这项工作中，你将感受到创造的乐趣。因为在这项工作中，你将去全面认识人，探索人性的多样性和无限性。

如果这四十个孩子在你看来几乎都一样，你很难记清他们的名字和面孔，不能透过孩子的眼睛看到其内在独特的个性，不能分辨出从花园深处传来的声音是哪个孩子发出的，甚至在一个星期或者一个月的相处之后都不能分辨出，更不知道这喊声在表达什么，那么你一定要再三考虑是否要选择教师这一职业。因为在教育的过程中，永远没有一个单一的教学规律，也永远没有一个绝对适用于所有儿童的规则；因为教育不仅是一项需要将知识和技能提高到精通程度的工作，更要具有高超的艺术水平；因为培养一个人，首要就是认识他的灵魂，看到并感受他的个人世界。

"如果我拥有权力,谁要是说人是不可救药的,那么我会割掉他的舌头。"伟大的思想家阿拜·库南巴耶夫[1]的这句名言深深地渗入了我的灵魂。每当我思考教师的使命时,每当我与年轻教师谈论他的欢乐与悲伤、成功与失败时,这句话都在我面前闪耀着炙热的光芒。如果你考虑将自己的生命献给崇高的教育事业,那么你需要拥有一个对人以及人性本善充满无限信仰的灵魂。我们所信仰的人不是自然界中并不存在的抽象的人,而是真真切切地在社会中发展的儿童。

对成功教育每个孩子抱有坚定信念是教育使命的基石。我不相信有不可救药的儿童、青少年和男女青年。因为每一个孩子呈现在我们面前的都是一个开放的世界,我们应当尽全力确保没有任何事物能够压制、甚至伤害一个孩子的善良本性。因此,任何决定投身于教育事业的人都必须对儿童的缺点保持极大的耐心。如果仔细观察和思考这些缺点,如果用心而非仅用头脑去看待这些缺点,你就会发现它们是多么微不足道,既不值得为此愤怒,也不值得为此惩罚孩子。请不要认为我在这里宣扬普遍的、抽象的宽容,宣扬教师应当背负忍受的"十字架"。我在这里

---

[1] 哈萨克斯坦诗人、作家、思想家和哲学家,被誉为"哈萨克诗圣"。

所强调的,是像父母、老师这样的年长者所应具备的智慧和能力,即理解和感受儿童不良行为产生的微妙动机和原因,学会理解儿童的不当行为。不要用成年人的视角去看待儿童,不要用适用于成年人的标准来要求儿童,不要将自己降低到儿童的水平,同时要理解儿童行为的复杂性和儿童集体关系的复杂性。

如果孩子的恶作剧令你感到沮丧和懊恼,你认为他们已经十分过分了,该对其采取一些"火爆"的措施,那么就请再三思考自己是否应当成为老师。如果你总是与孩子产生无休止的冲突,那就不要去从事教师这个职业。善于消除与孩子间冲突的首要一点,就是认清自己是在和孩子打交道,而这一能力的培养则是从理解教师职业的使命这一根源发展而来的,即感知并理解孩子是一个不断变化发展的个体。

保证心灵和理智的和谐统一是教师职业的另一个重要特征。缺少这一特征也无法完成教育的使命。除了教师和医生,几乎没有什么职业需要如此热忱。如果你承担高年级的教学,那么你所在的班级可能不止四十个孩子,甚至有一百、一百五十个,你需要对每一个孩子都全心全意,将每个孩子的快乐与悲伤都放在自己心中。教师不应当是一个冷漠无情的人，具有同理心、关心学生是教育活动的血与肉。对待儿童过于理性和冷酷、对儿童的一切行为进行刨根问底般的评估、担心儿童没有完全遵守各项规定，这些会导致儿童对教师产生不信任的心理，会让他们时刻对教师保持警惕。过于理性的教师不仅无法赢得儿童的喜爱，也无法使儿童对其敞开心扉。

在任何情况下，教师都应该按照最原始的内心冲动去行事，因为往往这种直觉是最高尚的。但同时，教师需要能够用理性控制自己的内心冲动，而不是屈服于情感因素，尤其是在决定处理学生所犯下的错误时。

教育者的技能水平及艺术水平恰恰体现在热忱与智慧的完美结合中。

有时候你需要等待一段时间再做出决定，让第一感觉"沉淀"下来。每当我的学生做出一些反映出他灵魂复杂性的行为时，我总会推迟一段时间再与他谈话。亲爱的同行们，我向你们保证，基于充沛情感的话语更能满足学生思想和心灵的诉求，因为在这种情况下，情感会被理性升华，你们的见解与言语都能触及学生的内心，因为他们的内心也被你们内心的激情所浸透。这是一种能够与学生（尤其是青少年）进行亲密沟通的能力，这种能力对于每一位教师来说都是非常重要的教学工具，教师自身需要不断地打磨、完善，使这一工具更加高效、有用。

如果教师想提高这种能力，就有必要深入孩子的灵魂，去考虑他的生活状况，思考他看待世界的方式，观察他周围的人对他有什么影响。

总之，要成为一名真正的教育者，教师需要长期满怀诚挚地在学校中感受每一个学生的心灵，了解他们的生活，理解他们的喜悦与忧愁。这是教育事业中最微妙的事情之一，如果你能坚持不懈，那你将会成为一名真正的教育者。

关于教师的健康和精神生活的充实；关于工作的快乐

我想起在一次联欢晚会上欢送退休教师的故事。这位名叫阿纳斯塔西娅·格里戈里耶夫娜的退休教师比较年轻，她从二十岁开始工作，到退休的时候才四十五岁。每个人都很困惑，为什么她才在学校工作二十五年就离开岗位选择退休，不愿多工作一天呢？阿纳斯塔西娅在自己的告别致辞上回答了当时还是年轻教师的我们的疑问。

"亲爱的朋友们，"她说，"我选择退休，是因为教育工作不是我最喜欢的事情。我对教育这项工作没有任何兴趣，它没有给我带来任何快乐。选择成为一名教师于我而言是一场灾难，也是我一生的悲剧。我每天都在盼着快点儿下课，盼着教室里的吵闹声快点儿消失，盼着我能够早点儿退休。或许你们感到很惊讶，为什么一个女人才四十五岁，并且身体状况良好，却非要选择离开她的工作岗位？不，我想告诉你们的是，我的身体状况并不好，我的身体已经被教学工作折磨得不堪重负了。工作并没有给我带来任何快乐，我的心情总是很沉重。所以，年轻人，我建议你们，在选择工作前，一定要好好考虑自己的特质，如果教育这项工作不能带给你快乐的话，就一定不要选择教师这个职业。你们一定要正确地定义自己的生活，找到自己热爱的东西。否则，长达几十年的工作对于你们来说将是一场炼狱。"

亲爱的朋友们，让我们一起重新审视一下这个悲伤的故事。健康的身体和情绪、富足与充实的精神生活、创造性的工作所带来的快乐以及热爱的事业所带来的满足感，这些是紧密相关、相互依存的。在这其中，位于首要位置的是健康的身体与充实的精神生活之间的和谐。教师是多么需要健康，如果疾病悄然而至且无法治愈，这对他的生活来说是多么大的悲剧啊！但是在我们的身边却经常出现这样的情况，比如有些老师才四十六岁左右，已经拥有较高的教学技能，并达到了其教育生涯的高峰，获得了较高的教育智慧，具有非常坚定的教育信念，却开始出现身体不佳的状况。这种情况屡见不鲜。曾经有一位二十五岁的年轻教师，他从十六岁就开启了教师生涯，他写信问我："如何避免自己四十五岁的时候就成为有名无实的'主席团名誉成员'？如何工作才能不损害身体健康？毕竟身体是工作的本钱,是创造力的来源,没有健康的身体就无法创造幸福。"

我与年龄在四十至五十岁之间的四百位老师进行过交谈。当谈到健康这个话题的时候,许多老师都抱怨自己的"心脏不太好"。通常,心脏和神经系统方面的疾病不仅会影响教师的工作效率,而且会导致有些教师不得不提前退休。所以,教师需要好好保护自己的心脏和神经系统,需要努力让自己在六十岁之前都保持健康。对于教师来说,没有什么比空有教育信仰却没有身体支持更悲哀的事情了。

那么,如何保护心脏和神经系统呢?不要逃避一切需要个人情绪态度的事情,不要对自己的身体漠不关心。在这里,首先我们需要考虑的是职业特性。

我们的工作是使用心脏和神经系统的工作,每天甚至每小时都要消耗大量精神和能量。我们的工作需要面对不断变化的局面,有时需要我们保持饱满的精神,有时则需要抑制自身的情绪。因此,控制自己是教师需要习得的重要技能之一,这关系着教师工作的效率以及教师自身的健康状况。无法恰当地抑制工作所带来的精神刺激,无法控制局面,都会使教师的心脏和神经系统疲惫不堪。

但是，如何使自己习得这项技能呢？首先，你需要了解自己的健康状况，熟悉自身心脏和神经系统的特征。人的神经系统本质上是非常灵活的，因此教师必须能够将这种灵活性提高到可以控制情绪的艺术高度。就我而言，我不会让自己处于一种抑郁的状态，不会夸大孩子不良行为所造成的后果，不会过分解读孩子的意图和举动。我们经常像要求成年人一样去要求一个孩子，将孩子培养成空谈者或者对待真理和训导无动于衷的人，这是一种坏习惯。这样的习惯很难用语言表达出来，但这是我们根深蒂固的文化表现，也是教师在教育工作方法方面的缺点。我一直努力不让自己处于紧张激动的状态中，也不会给自己施压，而是不断给自己排解紧张感。那么如何让我们避免处于不断强迫控制自己的状态中呢？第一个方法，也是最根本的方法，就是利用集体的力量，即包括教师本人在内的整个集体，将精力专注于需要大家精神一致、集体创造、聚精会神、在知识方面互通有无的事情上。经验使我确信，正是这种集体活动可以使老师放松自己紧绷的神经。如果你不放松自己的神经，而经常让自己处于怒火中烧、过度紧张的状态中，那么你就无法拥有一个平和的心态，你将处于情绪化的危险之中。这种危险之所以每次出现在我们的工作中，要么因为情绪过于亢奋，要么相反，情绪被过于压抑。

我和班里的孩子们一起到森林去。班上有一个长着翘鼻子、蓝眼睛的男孩，脸上带点儿雀斑，名叫尤拉，他特别活泼好动，动作十分敏捷。当时，孩子们都聚集在一片空地上，等着我告诉他们接下来要去哪里，如何才能不走丢，如何才能不在森林里迷路。就在这时，尤拉偷偷跑到灌木丛中，藏在了某个沟壑里。然后，我们所有人都听见他在大声呼喊……乍一看，我们肯定觉得这个男孩不怀好意，他想给班级的森林徒步活动制造混乱。但是，我告诉自己，你不能夸大孩子的意图。毕竟，尤拉只是个二年级的小孩，他不可能有如此复杂的念头。这样一想，我紧绷的神经立马放松了下来，也不再生气和困扰。紧接着，我想出一个非常有趣的游戏。来吧，孩子们，让我们悄悄藏起来，我们不去找他，让他来找我们。我和孩子们悄悄前行，不让脚下的草发出沙沙的响声，然后走到附近一个我熟悉的洞穴，藏在其中。孩子们兴奋地环顾着自己的藏身之所。尤拉继续呼喊了几声，然后就沉默了。过了一会儿，他又在刚开始聚集的空地附近模仿起莺啼声。又过了一会儿，他继续呼喊我们，能听得出他的声音里出现了一丝担忧。最后,他出现在了空地处,既不模仿莺啼,也不呼喊,而是惊慌地寻找我们:"你们在哪儿?请回答我!"

所以说,与其强迫自己抑制紧张的情绪,不如选择一种活动,换一种完全不同的方式来化解当前的局面,换一个角度去看待使自己激动、气愤、神经紧绷的事情。使令人不愉快、烦恼的事情变得有趣起来,你就会成为团队中思想和情感的全面主导者。

消除紧张、化解气愤、放松神经的第二个办法是幽默。如果你有幽默感,那么你将有很大可能消除一些特殊情况所带来的长时间的精神刺激。孩子们喜爱并且尊重乐观开朗、不会陷入绝望情绪中的老师,因为孩子们总是快乐而富有幽默感的,他们知道如何从生活中的每一件小事中看到快乐。善于没有恶意地嘲笑反面的东西,善于以玩笑的形式鼓励和支持正面的东西——这是优秀的教师和优秀的学生集体的重要特征。

教师缺乏幽默感将会使教师和学生之间相互误会、互不了解。当意识到学生不理解自己时,教师往往会很愤怒,且常常无法从这种状况中找到出路。我亲爱的同行们,相信我,造成学校生活、学生集体分崩离析的大部分冲突都起源于相互不理解。

教师工作的一个特点是：精神高度紧张的时期与相对平静的时期交替出现。多年的教育实践使我坚信：教师需要在一个较长的时间内停止消耗自己的心脏和神经系统，也就是停止消耗自己的精神力量。因为这些精神力量也需要得到补充。进行这种补充的必要条件就是合理利用休息时间。教师应当适当进行放松，尤其是夏季和冬季。这将增强自身神经系统的平衡能力和自制力，增强使自己的情绪冲动服从于精神控制的能力。许多在学校工作了三四十年甚至更长时间的经验丰富的教师们都认为，与自然的长期交流可以锻炼自身的忍耐力和自制力，因为在这种交流中，身体的紧张感能够与思想和观察相结合。

同时，要善于在日常工作中合理地消耗精神力量，这也是心脏健康和精神健康非常重要的保证。

在日常生活中如何防止神经衰弱

我们一刻都不能忘记的是,我们是在儿童的世界里工作。这是一个特殊的、无与伦比的世界。我们需要了解这个世界,但这还远远不够,我们还需要适应这个世界。如果愿意的话,每一位教师都应该永远抱有一颗赤子之心,永不褪色。

什么是儿童的世界?在这里,我仅向教师们提供一些实用的建议,而非从科学心理学的角度对儿童的心理特征进行定义。我认为,童年,是对周围世界的情感认知;儿童的世界,是儿童在用心感受周围的世界和自己所做的事情。心理活动明朗、充实、丰富,感情和情绪容易外露,这些就是作为我们教育对象的儿童的世界,也是我们工作的环境。

儿童的内心世界每小时都会给我们带来各种情绪:满足和不满、喜悦和痛苦、悲伤和钦佩、迷惑和惊奇、安慰和愤怒。儿童世界里存在着或令人痛苦或令人愉快的情绪旋律，能够让这些情绪和谐共存是使教师感到精神充实愉悦、获得成就感的最重要条件。如果与学生的交流只能让教师感到挫败和愤怒，这不仅会让教师在心灵上感到不愉快，还会严重妨碍身体内部器官的正常工作。如果一位教师不能看到并感受到儿童世界复杂的情感和谐，他常常会患上神经类疾病，其中最令人不快且往往最可怕的就是神经衰弱。

我曾经收到利季娅·尼的一封来信，她是坦波夫州的一名教师。她写道："我每天只有三堂课，但我回到家总是觉得筋疲力尽。我不仅没有力气去备课或者阅读，甚至没有力气去思考。这是怎么了？在工作时间，我总感觉自己像一根紧绷的绳子，总受到孩子们幼稚恶作剧的困扰，仿佛每个小男孩每天就只想着怎么让我心烦。我每天在课堂上看见的都是费佳把瓦尼亚推到一边去，然后瓦尼亚反击，用尺子敲费佳的头等等这类事。别的老师都说，这都是些小事。但我却不能平静地看待这一切，每当我看到这类事情时，我会觉得全身发热，心跳加速，四肢发麻。我试图心平气和地教育学生，但我的声音在颤抖。孩子们察觉到了这点，并且在我看来他们还在笑话我，试图想出新的点子来刁难我。我该怎么办呢？"

其实这就是一种神经衰弱,源于对儿童世界的不理解。亲爱的同行们,总的来说,儿童世界是美丽的,如果你们能理解这个世界,你们会觉得自己身处其中如鱼得水,会得到更多积极的体验,远超过消极的感受。因此,我们首先要学会用心聆听、理解并感受童年这首明亮开朗的乐曲。并且,我们不仅是这首乐曲的听众或者说消费者,我们更应该成为乐曲的创造者,也就是作曲家。能否为童年这首乐曲创造出明亮开朗的旋律则取决于你们的身体状况、精神力量和心理状态。你们用来书写童年这首乐曲的钢琴和乐谱本,你们用来指挥旋律的指挥棒,都是非常简单但又非常重要的东西,那就是乐观主义。请记住,在儿童、少年、青年男孩女孩里没有真正的恶人,就算有,那也是千分之一、万分之一的概率,并且这种恶是可以被善良、人性以及小提琴和指挥棒所代表的乐观主义治愈的。

孩子的心灵中没有什么是需要教育者严酷对待的。就算心灵中出现了邪恶的东西,也首先要靠善良来驱散。这不是关于纵容邪恶的论道,而是对儿童世界的真实看法。我讨厌怀疑儿童,讨厌"要求""禁令"这类形式主义的规定。这不是关于"放养"的论道,而是坚定地认为,善良、仁慈地对待孩子、爱孩子,这些都不是抽象的,而是真实的、充满人道主义的对人的信念。这是一种强大的力量,能够肯定一个人内在所有美好的东西,并帮助他变成理想的样子。我永远不相信,受到正确养育的孩子会成为社会上的恶霸、寄生虫、骗子或堕落的人。

对人持有乐观及信任的态度是师生创造力、精神力量以及健康的不竭动力。不要让怀疑人性的种子在你们的灵魂中生长。对人的怀疑,一开始都是微不足道的,但会随着我们的成长演变成可怕的恶性"肿瘤"。恶意,是一种危险的心灵疾病,既反映在心脏上,也反映在神经上。这种"病"会蒙蔽教育者的双眼,使他看不到人身上的善。恶意,是一副魔幻眼镜,人戴上之后会将善的事物缩小到极小甚至看不见,而将恶的事物放大到畸形丑陋的地步,直至将人类的最佳特征都覆盖掉。我年轻的朋友们,教师的健康失调始于他让恶意在心里生长,并用消极和不信任的意图与行为去喂养它。恶意是凶恶之母,而凶恶则如一根尖刺,不断插入心脏中最脆弱的地方,最后使人精疲力竭、神经衰弱。

此外,还需要像警惕火一样去警惕内心出现哪怕是一点点的幸灾乐祸。如果你的言行触及了孩子的痛处,你将永远无法成功教育他。你在学生手册里写下了关于他的不体面的行为，同时在你的内心深处出现了一种快乐的念头：看啊，你的父亲会读到我的批语，他对你的要求是那么严格，你的父亲，他会收拾你……你瞥了一眼孩子悲伤的眼睛，没有感到担忧，反而很镇静。亲爱的朋友，请明白，自幸灾乐祸的种子开始在你的内心深处种下时，你的不幸就开始了。起初它像是一种无害的弱小动物，实际上却是一条毒蛇。幸灾乐祸又产生了不宽容，幸灾乐祸的心开始装聋作哑，无法捕捉到孩子内心深处的微妙变化。幸灾乐祸的人从孩子们普通的恶作剧中看到的是邪恶。无法宽容地对待孩子们的恶作剧会使教师变成一个冷漠的监督者、一个令孩子们讨厌的人，孩子们会试图烦他、给他惹麻烦、使他发疯。如果这一切已经开始，教师的心将会慢慢被消耗殆尽，因为他每时每刻都要抑制自己内心所承受的不愉快。我的朋友，要像惧怕巨大的不幸一样去害怕幸灾乐祸的心。如果你无法避免出现这种情况，那么你将成为阴郁易怒的人，工作也会变得像是在服苦役，你会被摧残得千疮百孔。

充满关爱和理智的善意，这是儿童集体生活应有的氛围，是师生关系中应有的重要品质。善意，这是多么美好的一个词汇，同时又是一种深刻的、复杂的、多面的人类态度。如果相互充满善意，那么人与人之间将会毫无畏惧地敞开心扉进行交流。

　　我曾无数次说过，并且将一直强调的，就是师生间要相互充满爱意和关怀。这种相互关爱就是联结心灵的纽带，可以让我们不通过语言就能相互理解，就能感受到别人内心深处最细微的活动，这在我们的教育事业中尤其重要。多年的教育实践使我确信，如果我关爱学生并且教会他们去关爱别人，他们就会爱惜我的心灵和情感，在我心情沉重甚至觉得连说话都很困难的时候，他们也能理解我。当感受到我心情沉重时，他们甚至会轻言细语，不打打闹闹，努力在课上以及课间都给予我更多的安宁。我亲爱的同行们，这种心灵上的相互理解就是让我们保持健康的永不枯竭的源泉。这里我们就进入到了关于学校生活的一个全新的话题，这个话题被讨论得还很少，但是我们需要更加理智地、更多地去探讨它。这个话题就是关于爱意和关怀的本质，它也是情感教育中非常重要的一个方面。

充满爱意和关怀

一般来说，这条建议是教育素养的基础，具体来说，属于教育素养的情感范畴。对学生充满爱意和关怀，就意味着要像对待自己的孩子一样去对待他们。当学生学习退步，落后于其他学生；当学生出现学习困难；当学生变得顽皮……如果你一直觉得这些都是麻烦事，那么请你想一想，如果你自己的孩子陷入这种境地，你会怎么做？你应该不会建议学校开除他，也不会建议学校降低他的品行分数。当然，对于充满智慧的父母来说，他们会采取理智的解决方案，但首先从内心情感上，父母会想尽办法去拯救自己的孩子。而惩罚，并不能帮助你拯救一个人。任何一位父亲或母亲都真心希望能够将孩子的心灵和道德塑造得干净、纯洁、美丽，都希望孩子能成为一个真正的人。这种内心的愿望就是充满爱意和关怀。教师对学生充满爱意和关怀，首先在于要防止孩子变坏，阻止他迈出错误的第一步。教师要做到像父母一样希望孩子好，就要阻止邪恶入侵孩子的心灵，保护孩子远离邪恶。如果在我们教师的心中，对每一位学生都永存这种焦虑不安的关怀，如果每一个学生对于我们而言不仅仅是班级日志中的一行行文字和数字，而是一个独立的个体，一个活生生的人，是独一无二的生命世界，那么我们就可以相信，当学生出现麻烦事的时候，我们的心将会告诉我们怎么去处理。因为，内心的要求，也一定是充满爱意和关怀的。

充满爱意和关怀，说出来很容易，但这是一种需要长期培养的品质，并且必须在教师和学生双方的心灵产生互动的时候才能培养出来，也就是教师希望学生好，学生希望教师好的时候。这也是学校生活高度和谐的体现。互相充满爱意和关怀是在良好的情感氛围中培养起来的。我一直认为，教育最重要的任务之一就是教会孩子们用心感受世界，用心感受人与人之间相处的状态，不仅是亲人之间、亲密的朋友之间，还包括在人生道路上遇到的所有人。引导孩子感受到遇到的人内心的某种痛苦与悲伤，这是最微妙的教育技巧之一。在这里，我想从自身经验出发，谈谈如何习得这种技巧，如何在儿童心中培养一种情感文化，以及如何使这种文化成为相互关爱的基础。

春天，农民们在学校旁边的田野里辛勤劳作，准备种植甜菜。每天早晨太阳冉冉升起时,妇女们就陆续进入田地劳动。我所带的一年级新生也在这一时刻来到学校的花园里,这是我们校园里的美丽角,也被我们称作"蓝天下的绿色教室"。它是一个绿色的棚屋,密布的葡萄藤使我们免受烈日的侵袭,我们就是在这里一起欣赏着美丽的日出。这时,几位准备去田地劳作的妇女在离我们两三米远的地方走过,我们注视着她们,能看得清她们的脸庞和眼睛,如果屏住呼吸、足够安静的话甚至能听到她们的呼吸声。她们没有看到我们。我告诉孩子们,请注视这几位妇女的眼睛,学着去感受和理解她们的内心是平静安逸还是充满苦难。

每天我们都能看见这些女孩或者成年女性从这里走过,我们已经逐渐习惯。有一位年轻的妇女,扎着金色的粗辫子,长着一双蓝色的眸子,她是两个孩子的母亲,每天都哼着歌去田地劳作。她常常在小山丘上停留一会儿,微笑地望着蔚蓝的天空,静静聆听百灵鸟的歌声。于是我告诉孩子,她很享受生活,她非常幸福。当我们看见他人的幸福时,我们所有人也会变得很快乐。另一位妇女,每天走在狭窄的田垄上,摘几朵野花,从她的眼中,我们能看到明亮和欢乐。还有两个女孩走到草地上静静流淌的小河边,对着河水梳理头发,欣赏着自己的美丽,孩子们,从她们的眼中，我们能看到欢乐的梦想。而这位黑眼睛的妇女摘下野花坐在树桩上编着小花环，通常只有小女孩才会编这种花环，亲爱的孩子们，看着她的眼睛，你们会感受到母爱的温暖。好了，孩子们，请注意看这位白发苍苍的老妇人。从她的眼睛里你们能感受到她多么忧郁悲伤啊。透过她的眼神能感受到她有多少苦涩和心酸。看，她停下脚步看着阳光，看着被绿色环绕着的小村庄，叹了口气。你们看，她没有走在田边小路上，而是走在通往村庄中心的道路上。她摘下路边的野花，将它们摆放在反法西斯战争中丧生的士兵纪念碑前，孩子们，你们看，她在哭泣。

孩子们，你们现在所看到的是世界上最沉重的人类悲痛——母性悲痛。她将再次经过我们的花园，请仔细观察，请再一次注视她的眼睛。

孩子们静静地坐着，屏住呼吸，周围的一切连叶子都纹丝不动，没有一点儿声音。在我们面前出现的是一个母亲无比悲伤的眼神。我们听到她沉重地叹了口气，再次回头看向了士兵们的纪念碑。

不需要任何言语解释，孩子们就明白了这位母亲的孩子死在了战场上。我跟他们讲述了她的巨大悲痛：她失去了丈夫和两个儿子。

自此之后，通过接连不断地参加这类日日新的观察课程，孩子们学会了用心去认识人。有时我们也会去野外，坐在一条乡间小路上，观察周围不断经过的行人。

通过观察一个人的脸，观察一个人的眼睛，孩子们就能感受到他的内心世界。这个人拥有着生活的喜悦；另一个人则梦想着令人兴奋的事情；第三个人表现出某种疲劳感和冷漠，不，这个人内心也不怎么好受；第四个人忧心忡忡，也许是因为一些生活琐事，也有可能是在为某件大事焦虑。而这位老爷爷看着无比悲痛，孩子们机敏地观察到了这一点，有些惊慌。他们从未看见过如此悲伤的眼神。"他非常痛苦，他一定遭受了巨大的不幸，我们必须问问有什么可以帮助他的。"孩子们说道。

孩子们走到老爷爷身边，问道："我们能为您提供什么帮助呢？"老爷爷将柔软的手放在我们小吉娜的浅色头发上，沉重地叹了口气说道："亲爱的孩子们，你们帮不了我什么，我的妻子刚刚在医院过世了……我正要去取我的车……我们在一起生活了四十七年……你们帮不了我什么，但我还是轻松了些，因为你们都是好孩子。"

以上就是培养孩子情感文化的方式。这是一个非常微妙、漫长的教学过程，教师需要有足够的智慧、机敏的注意力和体贴的内心，同时需要深刻了解每个孩子的内在精神世界。

能体察到别人内心的孩子通常都会变得充满爱意和关怀。与此同时，让他们保持对教师充满爱意和关怀也是非常重要的。教会他们去爱老师、用善良换取善良，这点在教育工作中非常重要。教师应当学会通过温柔、善良和诚挚的方式让孩子的灵魂接受教育。

你可能经常听见有教师抱怨（或者你自己也这样抱怨过）："我该怎么办呢？这个孩子不能理解我的好言相劝，我对他真诚又温柔，可他却无情地嘲笑我的善意。"很遗憾，这种情况确实经常发生。而出现这种情况的根源，在于缺少情感教育，在于童年时期孩子没有学会用心灵去认识人。

如果你教会自己的学生如何用心去感受一个人，你的爱意与关怀一定会创造奇迹。那么，教师的爱意与关怀体现在哪些方面呢？首先，体现在孩子的智力活动中。希望孩子在智力活动中表现出色，意味着要了解孩子的优缺点，并且感受孩子在智力活动中所表现出来的细微特点。在孩子自己内心渴望变得优秀前，在其已经拥有自尊心并不断自我发展前，你的爱意与关怀都将是最有力的教育工具。正如我们所了解的，在教育事业中，现象和事实之间存在着最密切的联系：孩子的学习成绩反映在他的精神状态中，孩子的精神状态则反映在其充实的精神生活中和优秀的教师身上。如果学生努力成为一个好人，很想掌握好知识，那么教师的工作已经成功了一半。

孩子自尊心的培养取决于他在学习方面的成功，而学习的成功则取决于教师的爱意和关怀，当然也取决于孩子对教师善意的心灵感知能力。请记住，我亲爱的同行们，孩子们在学习中取得的成功、孩子们自尊心的塑造都是你们创造性工作的灯火。只要这盏灯一直燃烧，你们就会持续感受到精神生活的充实和充满创造力的快乐。

但是，新的问题又出现了，如何使孩子在学习中不断取得成功呢？如何在他身上培养出自尊心呢？如何利用这种巨大的精神力量使他渴望成为一个好人呢？我有一点建议，可以简单概括为一句话，那就是：请记住，没有也不可能有一个抽象的学生。

请记住,没有也不可能有一个抽象的学生

为什么在一年级就常常出现表现不佳、落后于其他孩子的学生,而在二年级、三年级也时不时有些让老师撒手不管的令人绝望的差生?这是因为在学校生活最重要的领域——脑力劳动领域中缺少针对儿童个体的独特教学方法。

想象一下,如果强制要求所有刚入学的七岁儿童完成同样的体力劳动会怎么样?比如提水。有的孩子提了五桶水就筋疲力尽,而有些孩子提二十桶都没问题。可以看出,强制要求体弱的孩子提二十桶水将会使他过于劳累,第二天他什么都做不了,甚至有可能去医院。因此,要求所有孩子进行同样的脑力劳动也是不可取的。有的孩子能够理解、领会、快速记住知识并将其长久储存在记忆中,而有些孩子则完全相反。但经常出现这样的事,那就是这些对知识理解缓慢的孩子在后来的学习和智力发展中会取得更大的成功。没有抽象的学生,也就当然不可以机械地将相

同的教育方法应用到所有学生身上,更没有让所有学生都取得成功的统一先决条件。同时,学习成功这个概念也是具有相对性的:对这个孩子来说5分是成功,但对另一个孩子来说3分就已经很了不起了。因此,能够正确判断每个孩子目前所处的能力阶段,并且懂得如何发展他们的能力,是教师极其重要的教育智慧。

学生自尊心的保护与培养取决于教师如何肯定他在学习中取得的成功。不能要求学生完成他无法完成的事情。任何一门学科的教学大纲都只是一定水平上知识的集合,而不是针对每一个鲜活儿童的知识体系。不同的孩子掌握这些知识的能力各不相同。比如一个一年级的小孩子已经能够完全独立地阅读并解决问题,而有的孩子直到二年级甚至三年级末才可以达到这种程度。因此,教师必须能够确定该采用何种教学方式、以何种学习进度来使学生达到教学大纲所要求的知识水平,同时教师还应善于因材施教,针对不同的学生灵活运用教学大纲。

教育的艺术和专业之处在于,能开发每一个孩子的潜力,使其在脑力劳动中获得快乐,这也就意味着教学必须个性化。这种个性化教学不仅体现在教学内容上,还体现在学习时间的安排上。经验丰富的教师在课堂上会给部分学生布置两个、三个甚至四个学习任务，给另外一些学生仅布置一个学习任务；有些学生解决较难的任务，有些学生则完成更加简单的任务；有些学生进行创造性语言写作任务——写作文，有些学生则进行文学作品的文本赏析。

通过个性化教学方法，所有学生或快或慢都能够进步。在学业评估时，每个孩子都能看到自己努力后的劳动成果，学习会带给他道德上的满足感和探寻知识的喜悦感。这时，师生之间的善意与信任就紧密结合起来了。在这种情况下，学生不仅在学业评估时看不见严厉的控制者，也看不见用来教导好好学习的戒尺，还敢于坦率地告诉老师：这个知识点我还没有掌握，这道题我还不会解。他敏感的良心不允许他打小抄，因为他想保留自己的尊严。

形象地讲，学习上的成功如同一条通往儿童心灵深处的重要道路，照亮这条道路的是燃烧着的渴望成为一个好学生的愿望之火。一定要保护好这条小路和这个火苗。

我有一位朋友，名叫特卡琴科，他是基洛沃格勒州波格丹诺夫中学一名出色的数学老师。他介绍了一些关于备课的个人经验，他说道："我备课的时候会思考每个学生将会怎么学习这些知识。换句话说，我会为每个学生选择能使他取得成功、进步的学习内容。如果学生不能在知识的掌握方面取得丝毫的进步,那将会带给他很大的打击。没有什么比学习没成果更打击学生和老师了。"

再来看看帕夫雷什中学的两位数学教师的经验,他们分别是阿里申科和雷萨克。在他们的课堂上,解题通常会占据 90% 的时间,在这时候,两位教师会将学生分成不同的小组。第一组是学习基础较好的学生,他们不需要任何帮助就可以轻松解决任何习题。甚至有一两个学生可以口头算出答案,不需要纸笔计算,经常在老师还没读完题目时,他们就已经举起了手。因此,对于这个小组,教师往往会选择一些教学大纲之外的稍有难度的题目。这样能够使这个小组的学生充分开发自己的脑力。有时候教师还会为这组学生选择一些他们无法独立解决的习题,不过教师也仅仅是为他们提供一些建议或者提示。

第二组是勤奋的学生,对于他们而言,出色地完成学习任务在一定程度上需要经过紧张的脑力劳动,需要有探索知识的渴望和克服困难的决心。教师认为这类学生是努力型的,他们的成功来源于他们的勤奋和坚持。

第三组的学生不需要别人帮助就可以解决中等难度的习题,但无法独立解决复杂题型。针对这类学生,教师需要使用大量的教学技巧。

第四组是学习缓慢的学生,无论是理解题目还是解题,他们都非常缓慢。同第二、第三组的学生相比,这组学生的学习内容量要减少两至三倍,而且教师在任何情况下都不能催促他们。

第五组是个别不能完成中等难度习题的学生。教师会为他们选择一些特殊的学习任务,这类学习任务会使这些学生很容易取得一些微小的成功。

这些学习小组不是一成不变的。脑力劳动上的成就使学生感到喜悦,而这种喜悦感会进一步激发他们的能力。

这样的课堂,能够保证每一位学生都取得成功。仔细研究这些优秀教师的教学经验,我们会发现,前面讨论过的爱意、关怀以及心灵感知能力在这里起到了重要作用。每位学生都努力实现自己的独特目标,在这些孩子的眼中,你们或将看到精神高度集中的快乐光芒,因为他们找到了适合自己发展的正确道路;或将看到他们在沉思,因为他们在思考如何完成学习任务。

教师在这样的学习气氛中工作是一件特别享受的事情。相信我,亲爱的同行们,无论教师在这节课中工作多么辛苦,他都有时间休息一下,而缺少这样的气氛,他将很难连续上四五节课。

我曾经教过几年五年级至七年级的数学，相信我，给孩子们上数学、语文和历史这些课，对我来说是一种真正的休闲放松。每个学生都在课堂上获得了独特的个人成功经验并由此感受到喜悦，而不会担心落后甚至被淘汰，也不会对教师感到厌倦。他们不用处心积虑地去制造麻烦，也不需要跟在调皮捣蛋的孩子后面，更不会因为无所事事就给老师制造恶作剧，因为他们的全部精力都会放在这些课程上。如果教师善于利用学生力能胜任的脑力劳动"束缚"住他们，使他们感受到取得成功的乐趣，再调皮捣蛋的孩子也会变得勤奋并且专注于学习。紧张的脑力活动大大激发了他们积极向上的灵魂，他们开始改头换面，将全部的注意力都集中在如何完美地完成学习任务上。

某些教师总说：有些孩子上课的时候非常顽皮，总是在干与学习无关的事情。我对这些抱怨总是会感到恼火和困惑，亲爱的同行们，如果你们真的考虑过如何让每个学生都认真学习的话，这种事情是不可能发生的。

总的来说，我们在这条建议中部分讨论了教学工作中的一个比较尖锐的问题，即教师如何避免教学工作给自己带来疲惫以及心脏、神经无休止的紧张。这种紧张感源于每分钟都会出现"非同寻常的事件"或者"无辜的恶作剧",这些虽然都是难以让人察觉的小事,但日积月累,会使教师既不能正常工作,也不能正常生活。

时间从哪儿来？每天仅有 24 小时

这句话摘自克拉斯诺亚尔斯克市一位老师写给我的一封信。是的，没有时间，这是教育工作的灾难。教师不仅要忙于教育事业，还要承担家庭责任。同所有人一样，教师也需要时间陪伴家人、抚养孩子。目前有科学数据表明，许多高中毕业生害怕进入师范学院，因为他们认为，尽管教师拥有寒暑假，但仍然没有空闲时间。

我还了解到一个有趣的调查统计，对象是五百名其子女进入高校学习的教师。当被问到"您的孩子在哪所大学、哪个院系学习"时，仅有十四名教师回答在师范学院学习，准备当教师。随后继续问道："为什么您的孩子不想当老师？"有四百八十六名教师回答："因为他知道我的工作有多艰辛，没有一分钟的空闲时间。"

那么有没有一种可能，使教师在工作的同时拥有空闲时间？这种无奈之问经常被提出。然而教师的实际工作情况却是这样的：语文、数学教师每天在校工作三四个小时，备课以及检查作业每天不少于五六个小时，此外，每天课外工作时间至少两小时。

如何解决时间问题？这是学校工作中需要考虑的综合性问题之一。就像学生的智力发展问题一样，这个问题的解决取决于学校的整体工作安排。

首先，最主要的是教学工作的风格和性质。一位在学校工作了三十三年的历史老师曾上过一堂公开课，主题是"一个年轻苏联人的道德理想"。区域教学研讨会成员以及区域教学督导旁听了这堂课。这堂公开课讲得很出色。听课的教师们和督导原本打算在听课时做笔记，以便可以在课后提出批评意见。但是他们被课程内容完全吸引住，像学生一样认真地屏息倾听，充满了浓厚的兴趣，而完全忘记了做笔记这件事。

公开课结束后，隔壁一所学校的老师对授课教师说："真的，您对自己的学生完全付出了真心。您在课堂上说的每一句话都充满了巨大的思想力量。请告诉我，您准备这堂课花了多长时间？我想应该不止一个小时吧？"

"我的一生都在为这堂课做准备，"授课教师回答道，"或者说我的一生都在为每堂课做准备。如果非要说为这个主题所做的直接准备，大概十五分钟。"

这个答案为探寻教学技巧的秘密打开了一扇窗户。在我工作的这个地区，我认识约三十位像这位历史老师一样的教师。他们从未抱怨过缺乏空闲时间，每个人都认为自己一生都在为每一节课做准备。

那么，他们所说的准备是什么意思呢？其实就是阅读，终其一生与书为伴。书籍能够使人的思想之河永不停息。阅读不是为明天的课程做准备，而是出于对知识的渴望，是人本性上的需求。如果你希望有更多的空闲时间，希望不是只用单一乏味的教材进行备课，那就请阅读科学文献，使你所教授的科学基础课的教科书对于你来说就像一个字母一样简单。也就是说，你需要拥有科学知识这一整片海洋，而你向学生教授的学科知识就是汪洋大海中的一滴水。如果做到这一点，你就不需要再花费数小时备课了。

优秀的教师提高自身教学技巧的方式，就是通过不断阅读丰富自己的知识海洋。如果一位新手教师所拥有的知识与需要提供给学生的知识比例为 10∶1，那么经过十五到二十年后，这一比例应当变化为 20∶1，30∶1，50∶1，而这一切全靠阅读。在教师知识的海洋中，所授科目的课本知识所占的比例应越来越小。这里并不仅仅是指教师理论知识的增加，而更加强调由量变产生质变。也就是说，知识背景越宽广，课本知识看起来就越像明亮光线中的一小束光，而专业素养的表现则更加明显。这种专业素养就是教师教学技巧的重要基石，而教学技巧就是在授课过程中进行知识发散以吸引学生注意力的能力。例如，教师在解释三角函数时，他主要思考的不是关于函数本身，而是关于学生：他要观察每个学生的学习方式，了解学生理解、思考、记忆知识点的困难之处。在教学过程中，教师不仅仅是教授知识，还要对学生进行重要的智力开发。

教师的时间问题与教学过程中许多因素密切相关。如果把教师进行教育工作和创造的时间比作大河的话，这些因素就好比注入大河的众多小溪流。如何确保这些小溪流奔流不止，接下来我想提供一些建议。

教师的时间与教学阶段的相互依存

该建议主要针对低年级教师。我亲爱的同行们,作为低年级教师,你们的工作方式关系到初高中教师的时间预算。如果你们仔细观察初中(四年级到八年级)以及高中(九年级到十年级)[1]教师的教学过程,可以得出这样的结论,那就是教师时间的无情吞噬者是永无止境且徒劳无益的"炒剩饭"。比如教师无法进行新内容的教学,因为总有部分学生无法掌握已经学过的内容;教师思考的不是如何带领学生沿着知识的道路前进,而是如何消除部分学生的知识落后现象(有时候这甚至会使教师被迫进行班级集体补课)。这种情况浪费了教师许多时间,不仅是工作时间,还有家庭生活时间。

为了使学生跟上教学进度,教师给学生补课似乎已经成为他们不可避免的工作,为什么会出现这种情况呢?

在这里,我想给低年级教师们提一些建议:

---

[1] 苏联自1964年实行的义务教育制度为三五二制,共十年。

亲爱的同行们，请记住，初高中教师们的时间安排都取决于你们。你们是教育教学领域创造力的缔造者。在低年级阶段的诸多重要教学任务中，首要任务就是教会孩子们学习的方法和技巧。你们最需要关心的问题之一，就是帮助儿童建立理论知识和实践技能之间的平衡。

请记住，学生在初高中阶段的落后主要是由于不善于学习知识、掌握知识造成的。因此，你们必须确保孩子的整体发展处于较高水平。首先，你们需要培养孩子良好的读写能力。没有流畅、自觉、富有表现力的阅读能力和理解能力，没有流利、准确的书写能力，孩子在初高中阶段很难获得成功，初高中教师则不得不永无休止地给这些学生"补课"。教低年级阶段的孩子阅读时，教师要教会他们在阅读中思考以及带着问题去阅读。教师必须将学生的阅读能力提高至一定的条件反射程度，从而使学生视觉和意识方面的感知能力大大超过听觉的能力。这种超越越是显著，学生在阅读时思考的能力就越强，这通常是学习成果和智力发展极为重要的条件。

我万分确信，初高中阶段学习成绩是否优异主要取决于阅读思维能力的培养，也就是在阅读中思考以及带着问题去阅读的能力。因此，低年级教师必须仔细研究如何使学生发展这方面的能力。三十年的教学经验使我确信，学生的智力发展取决于阅读能力的提升。一个善于在阅读中思考的学生比缺乏这项能力的学生能更快更好地完成学习任务，尽管乍一看似乎后者能更快地把书看完。善于在阅读中思考的学生在进行脑力劳动时没有死记硬背，这与缺乏这项能力的学生截然不同。无论是教科书还是课外书，在阅读后他们总能理解主题思想，并懂得整体与各部分内容的相互依存关系。

善用阅读思维的学生学习不会落后，而如果没有后进生，教师的工作也将变得轻松。实践证明，如果阅读已经成为学生了解知识世界的重要窗口，那么教师也就不需要花费大量的时间去补课。

如果个别学生不知道自己哪里落后于其他同学，或需要什么样的指导时，教师可以与其进行单独对话，但是这些对话不是冗长的补充课程，而是指导学生如何独立掌握知识，如何避免落后于班级其他同学。

除阅读思维能力之外，初高中阶段的优异成绩还取决于学生在低年级阶段培养起来的写作能力以及这一能力在后来的发展。同阅读一样，写作也是孩子获取知识的重要工具。孩子学习的成功、教师时间的合理利用均取决于此。

因此，我建议低年级教师设定一个目标：确保孩子在四年级结束前掌握流利的半自主写作能力。只有在这种情况下，他才能在学习方面取得成功，而不需要为了赶上教学进度补课。我们必须努力使学生学会边写作边思考，而不是将注意力集中在每一个字母、音节和单词上。例如教师可以为他们设定一个具体的目标：教师告诉学生一些事情，学生在听的同时思考其中的内容，并简短地写下自己的想法。这个方法在三年级时就可以采用。如果你们成功地实践了这条建议，我可以向你们保证，你们的学生将永远不会落后成为差生，他们将知道如何获取知识，也将懂得珍惜初高中阶段教师的时间，懂得保护他们的健康。

关于中小学生基础知识的记忆与存储

三十年的教育工作向我揭示了一个重要的秘密——一个特殊的教育规律,那就是学生在初高中阶段学习成绩差、学习成绩下降的主要原因是没有在低年级阶段打下扎实的根基,重要的基础知识掌握不牢固。想象一下,人们在建造一个精心设计的建筑,但是这个建筑物的地基却是用易碎的水泥铺砌而成,因此,建筑物不断损坏,不断有石头坠落。建筑工每天疲于修修补补,总是处于建筑物将要倒塌的威胁之中。许多初高中语文和数学教师就身处这种境地,他们在建造建筑物,但地基却要坍塌了。

亲爱的低年级教师们,你们最重要的任务就是帮助学生打好知识的根基,这样,你们之后的初高中教师就不用再为此烦恼了。准备工作从开始带一年级的班级时就要做起。请将四年级和五年级的教学大纲牢牢掌握,尤其是语文和数学课的。同时,请阅读有关自然科学、历史、地理等科目的相关材料,以及这些学科在四年级阶段的教学大纲。综合比较一下这些教学大纲，并认真思考，为了在四到五年级学习顺利，学生应该在三年级时学到哪些知识。

首先，教师要注意培养学生的基础词汇。在俄语中有两千至两千五百个单词，它们实际上是知识的框架。经验使我们确信，如果一个孩子在低年级阶段牢牢记住这些单词，他定将成为一个有基本素养的人。识记单词的意义不止于此，单词还将成为孩子掌握初高中阶段知识的重要工具。

在教小学时，我总是制订一份最重要单词表，对我而言，这是一份独特的基础识词教学大纲。我通常将两千五百个单词按天分配给孩子们学习，平均每个工作日三个单词。孩子们每天把这些单词抄在笔记本上，并且牢牢记住。这项工作只占用一天中几分钟的时间，但成效却非常显著。孩童时期的记忆力灵活且敏锐，如果能善于使用且不超负荷，它将成为孩子们学习的最得力助手。通常来说，学生在最初几年记住的知识一辈子都很难忘记。"掌握记忆的方法"具体如下：在第一节课开始之前，我会在黑板上写下今天要记的三个单词，比如草原、温暖、簌簌响。孩子们进入教室后，会立刻将这三个词抄在三年一直使用的生词本上。孩子们在思考这些单词的含义的同时，再把同根词写在这些单词旁边。这项工作每天仅花费三到四分钟的时间，却能帮助孩子们养成一个良好的学习习惯。

接下来的单词识记活动则带有游戏的性质，能鲜明体现出儿童自我教育、自我检查的特点。我对孩子们说："在回家的路上，请想想我们今天写下了哪三个单词，以及它们是怎么拼写的，将这些牢牢存储在记忆中。第二天早晨，当你们一觉醒来时，请立刻在脑海中回想一下这些单词的拼写，并将其默写在你们的笔记本上（这是除生词本外的另一个默写本）。"如果这项活动从一年级时就开始实行，如果教师相信这项活动的有效性，如果教师爱学生，如果教师终其一生都不会对学生的行为感到厌烦，那就没有哪个学生会讨厌这项游戏活动。

随后，在每一堂课上都进行各式各样的单词练习，使学生复习并熟练使用这些已经记住的单词。我认为，记住四百个修辞短语是最有效的练习方法之一，这些短语同样是语言文化素养的重要骨架。由于日常口语的影响，有一些修辞短语经常被错误使用，孩子在小学阶段需重点识记、辨析这部分短语。

我想再次强调一下在学习过程中加入游戏元素的重要性。我总结了六百个"童话词"，也就是说这些词语经常在童话故事中被重复使用。我和孩子们在小学期间画了几十幅童话故事，孩子们在这些画下面用这六百个"童话词"写下了图画说明。可以说，这是帮助孩子们巩固最低要求词汇量的有效方式。

在小学阶段，孩子们通常需要记住一些基本的数学运算。这些运算因为经常重复使用，已经变成一种熟记于心的数学知识归纳总结，以至于他们每次在使用时不必费心思考。这里不仅仅指乘法口诀表，还包括1000以内的加减乘除运算。这些也都是最常见的数量大小和换算问题。我认为，孩子们进入初高中后，应该尽量把更多的精力放在创造性的工作上，而不是这些重复性的工作。

当然，所有的工作都基于对材料的有意识吸收，但是人们不能不考虑到，不是所有的事实都能被解释清楚。因此，我力求孩子们将有意注意和无意注意、有意记忆和无意记忆结合起来。

发展学生思维——"两份教学大纲"

教师的时间不够,主要是因为学生学习困难。多年以来,我一直在思考如何帮助小学生减负的问题。作为获取知识的基础,实际能力仅仅是问题的开始,如何记住知识并一直存储在记忆中才是问题的延续。

我建议每位教师:在分析知识内容时,清晰挑出学生应当牢牢记住的部分。对于教师而言,非常重要的是善于抓住教学大纲中的重点知识,即反映了事物特性的结论、概述、公式、定理、规律、法则等,巩固这些知识是发展学生思维能力的重要基础,同时学生也要善于运用这些知识。经验丰富的教师会让学生准备一个专门的笔记本用来记录必须牢牢记住的学习内容。

需要记忆的内容越复杂,需要牢记的概括、结论和规则就越多,学习过程中的"知识背景"储备就越重要。换句话说,为了牢牢记住这些结论、规则、定理等,学生需要大量阅读相关材料,不需要背诵但要去思考。

阅读应当与学习紧密联系起来。如果阅读能够加深对事实、现象、事物等的认识，而这些又是学生记忆规则、定理的基础，那从根本上说，阅读帮助了记忆。这种阅读就可以称为进行创造学习所需的"知识背景"，能有效帮助学生记忆学习内容。学生出于兴趣想阅读的材料越多，对学习、思考和研究的愿望越强烈，就越容易记住需要牢记不忘的学习内容。

鉴于此条非常重要的学习规律，我通常在教学工作中准备两份教学大纲：第一份是必须学习并且牢记的学习内容，第二份是课外阅读材料及其他知识来源。

物理是最难牢记不忘的学科之一，尤其是六至八年级物理，因为这一阶段的物理教学大纲中包含了众多概念。在六年的物理课教学中，我努力使课外阅读配合每一个新学习的概念。某个时刻学生学的概念越难，其阅读的课外读物就应当越有趣、越有吸引力。在学习电流定律时，我建立了一个特殊的小型图书馆，供学生课外阅读。这个图书馆里的五十五本有关自然现象的书，均涉及了物质所具有的各种各样的电性能。

我努力提起学生的学习兴趣，培养他们的思维活力。学生们也纷纷向我抛来一个个问题：什么？怎么？为什么？在学生提出的问题中，有80%是关于为什么的。孩子们有许多不明白的事情。对于孩子们而言，周围的世界越是难以理解，他们对知识的渴望就越强烈，对接受知识的敏感度就越高，也就能很快理解我跟他们所说的一切。我向孩子们介绍"电流可能由自由电子移动产生"这一科学知识后，发现他们提出的许多问题都是关于这一复杂的物理现象的。回答这些问题就好比用砖块填补儿童世界图景中的缝隙，而他们的世界图景早已通过阅读和早先获得的其他知识在想象中初步建立起来了。

我在高年级教了三年生物，这门课有许多理论概念，非常难以理解，更难牢记。当时，学生们正在学习生物学中的一些基本概念，比如生命、生命物质、遗传、新陈代谢、有机体等，我就从科普杂志、书籍和小册子中为他们挑选了一些阅读材料。这些科普杂志、书籍、小册子均包含在第二份教学大纲中。

通过这些阅读材料，学生们开始对一系列复杂的科学问题和新书产生浓厚兴趣。学了生物学的青少年通常对周围自然界的各种现象，包括对新陈代谢这种形式多样的现象很感兴趣。学生们的问题越多，他们对知识的学习就越深入。最后，没有一个学生的分数是低于4分的。

我建议所有的教师：要为学生学习并记忆教学大纲里所要求的知识创造一个重要的"知识背景"。因为学生只有在思考之后才能更加牢固地记住知识。教师则需要思考，如何使正在学习或者将要学习的知识成为学生思考、分析、研究的对象。

对"学困生"所做的工作

有些老师可能不同意,我们教学工作中"最难啃的骨头"是针对学习困难学生所做的工作。这些学生通常需要花费其他学生三到五倍的学习时间来理解和记住课程内容,而且通常第二天就会把学过的知识忘记。因此,对于这些学生来说,以防遗忘,他们应当在学完课程内容后的两至三个星期就进行重复练习,而不是学完三四个月后才进行这项活动。

三十多年的教学工作使我相信,对于这些孩子来说,前文讨论的"第二份教学大纲"发挥着极其重要的作用,因为要求他们死记硬背学习内容的方法局限性非常大,这种"填鸭式"的方法会使他们变得迟钝、僵化。我尝试过许多种为困难学生的脑力劳动减负的方法,最后得出结论:最有效的方法是扩大他们的阅读面。是的,这些孩子需要尽可能多地去大量阅读。在三至四年级和五至八年级进行教学工作时,我一直为学习困难学生挑选最生动有趣、吸引人的书籍和文章供他们阅读,向他们解释一些概念、结论和科学现象的含义。教师应当让学生对周围世界的事物和现象产生尽可能多的疑问,然后带着问题来找自己,这是对他们进行智力教育非常重要的前提条件。

无论是学习困难学生所阅读的书籍,还是他们所接触的周围世界,都应该不断地让他们觉得惊奇。我在针对学习困难学生的教育工作中始终坚持这一要求,这也是我对所有教师的建议。萎靡、怠惰和虚弱的大脑皮层神经细胞可以通过惊讶来治愈,就像可以通过体育锻炼来缓解肌肉萎缩一样。当孩子感受到惊奇时,很难具体说出他的大脑中会发生什么。但是数百项科学观察得出了重要结论,那就是当人在感到惊奇的时候,一种强刺激开始发挥作用,唤醒大脑,督促其努力工作。

我永远不会忘记我和小费佳的故事。我碰巧教了他五年,从三年级到七年级。我记得,当时对他来说,最大的困难就是算术题和乘法表。我坚信这个孩子只不过是来不及记住问题所设的条件,也来不及让构成条件基础的对象、事物和现象在他的意识中形成具体概念。也就是说,当孩子刚想转入下一步思考时,他就忘记了上一步。像小费佳这样的孩子在别的班级里也有,只不过数量不多。我为这些孩子专门编了一本习题集，里面有约两百道题，主要选自民间教育学。每一道题都是一个有趣的故事，绝大多数题目不需要进行数学运算，而是首先要进行思考。下面就是我的《散漫和粗心学生习题集》中的两道题。

1.在炎热的夏天，三个牧羊人感到非常疲惫，就躺在树下睡着了。牧童用橡果把牧羊人的额头涂黑了。三个牧羊人醒来后都大笑起来，但是每个人都以为其他两人是在互相笑对方。突然，其中一个牧羊人停止大笑，他突然猜到自己的额头也被涂黑了。他是怎么知道的呢？

2.古时候，在广阔的乌克兰草原上有两个相距不远的村庄——真话村和假话村。真话村的居民总是讲真话，假话村的居民总是撒谎。如果你们中的任何一个人突然回到远古时代并进入到其中的一个村庄，你们只要向遇见的第一位居民问一个问题，就可以知道你们所在的是什么村庄。这会是什么问题呢？

一开始，我们仅仅是阅读题干部分，就像是阅读有关鸟兽、昆虫和植物的小故事一样。经历了很长一段时间后，小费佳才明白这些小故事是习题。在我的帮助下，小费佳解出了最简单的几道习题之一。他对解法如此简单感到十分惊讶，然后说道："也就是说，这里的每一道题都是可以解的吗？"随后，小费佳一整天都抱着书阅读，不肯放下，解答的一道道题带给他莫大的成就感，他还把解出的题抄在一个专门的练习本上，并且在题目旁边画下了鸟兽和植物。

我为小费佳配备了一个专门的小型图书馆，其中有约一百本小书和小册子，他从三年级一直读到七年级。后来，我又建立了一个稍大点儿的图书馆，大概有两百本小书，除了小费佳，还有三个学生使用了两年。有些书籍和小册子与我的课堂教学内容直接相关，有一些则没有直接联系。我认为，阅读就是学生的一种独特的"智力体操"。

到五年级时，小费佳的成绩逐渐追赶上来，他开始可以解答和其他同学一样的算术题。到六年级时，这个小男孩突然表现出对物理的兴趣，他成为少年设计小组的积极成员。创造性活动引起的兴趣越大，小费佳的阅读量就越多。在后来的学习过程中，他还遇到过很多困难，尤其是在历史和文学方面，每一个困难他都是通过阅读来解决的。

读完七年级后，小费佳进入了一所中等专业学校，成了一名优秀的技术专家——车床技师。

我从来没有为像小费佳这样的学习困难学生补过一次课，而是教会他们阅读和思考。阅读确实起到了唤醒思想的重要引导作用。

请记住，孩子学习越困难，他似乎就越难克服困难，他需要阅读的内容也就越多。阅读教会他思考，而思考会成为刺激他智力发育的重要力量。大脑迟钝、僵化是智慧的天敌，而书籍以及书籍所唤醒的灵活思想是防止大脑迟钝的重要工具。学生思考得越多，他对周围事物的不理解就越多，对知识的敏感度就越高，而教师的工作也就越轻松。

知识——既是目的也是手段

我十分坚信,儿童学习困难的其中一个原因,就是知识对于他们来说是一种"滞留的货物"。接受知识只是为了储存,而不是流动,也没有学会运用知识(运用首先是为了获得新的知识)。在许多教师的教育工作中,"知道"意味着能够回答所提出的问题。这种观点会导致教师片面评价学生的脑力劳动和能力:谁善于存储知识并能够按照教师的要求展现出来,就被认为是有能力、有知识的。这在实践中会导致什么结果呢?那就是知识实际上与学生的精神生活以及智力兴趣没有关系。掌握知识对于中小学生来说成了一件痛苦的事情,他们希望能尽快摆脱它。

首先,有必要改变对"知识""知道"这两个概念本质的认识。"知道",意味着善于运用知识。"知识"只有在成为精神生活中的一个因素,能够抓住人们的思想、激发起兴趣时,才能被称为"知识"。只有拥有了积极性和生命力,知识才能够不断深入发展,而只有不断深化,知识才能生存。只有在知识不断发展的前提下,才能实现一条学习规律,那就是学生拥有的知识越多,学习起来就越容易。但不幸的是,在实践中情况往往恰恰相反:随着年级的增长,学生的学习越来越艰辛。

从这些道理中能得出什么实际的建议呢?

要努力确保学生获取知识不是最终目的,而是一种手段,以此确保知识不会变成一种静止僵化的物品,而是存在于学生的脑力劳动中、集体的精神生活中、学生之间的相互关系中,以及持续不断的精神财富交流过程中。没有知识这一手段,智力、道德、情感和审美方面的全面发展是不可能实现的。

那么,实际上应该做什么、怎么做呢?

在低年级,作为学习的起步阶段,知识最重要的组成元素就是语言,更确切地说是语言所展现的周围的现实世界。对于学生来说,通过语言所认识的世界是崭新的,是他在上学之前完全不熟悉的。在我看来,学生通过语言认识世界是迈向知识阶梯最初的、也是最宽阔的一步。最重要的是,这一步能够使语言生动地存在于儿童的意识中,能够成为儿童掌握知识的重要工具。如果你们不希望知识变成沉重僵化的物品,就请让语言变成最重要的创造性工具之一。

在经验丰富的教师的教学实践中,以上这种教育和教学方针具体是这样体现的:学生的脑力劳动首先不是体现在记诵别人的思想上,而是学生自己进行思考。这种思考是一种富有生命力的创造,是在语言的帮助下对周围事物、客体以及现象的认知,也是对语言本身的细微特征的认知。

在一个秋高气爽、阳光明媚的秋日,我和孩子们来到花园里。温柔的阳光温暖着大地和树木,苹果树、梨树和樱桃树的枝丫被各色果实装扮得缤纷多彩。我向孩子们介绍金秋,介绍树木和掉落在土地上的种子,讲述在这里过冬的鸟类和昆虫等大自然的各种生物如何为漫长而寒冷的冬天做准备。当我确信,孩子们体会并感受到词语和词组的丰富内涵及情感色彩后,我就建议孩子们讲述他们所看到和感受到的。于是,在我眼前开始呈现出关于周围自然微妙而生动的景象:"一群白天鹅消失在蔚蓝的天际……""啄木鸟啄着树皮,传来哒哒声……""洋甘菊在路边落寞地绽放……""鹳在巢里,望向很远的远方……""蝴蝶躺在菊花上晒太阳……"孩子们没有重复我的话语,而是在表达自己的观点,思想活跃、语言生动且丰富。孩子们正在发展思考能力,他们体验到了无与伦比的思维乐趣、认知乐趣，感受到了自己是思想者。

你是否经常观察到一个现象，或者听有些老师抱怨过，孩子对老师的话无动于衷。你告诉他一个有趣的现象，他却无精打采地坐在那里，你的话语没有引起他丝毫的兴趣，更没有打动他的心灵。当出现这种情况时，你作为教师确实应该担心，因为这种对语言的冷漠态度是学习上的大麻烦，如果这种麻烦不幸地已根深蒂固的话，那这个孩子就与学习彻底疏远了。

这种麻烦是如何出现的？其根源在哪里呢？

如果语言没有作为一种创造性工具存在于学生的心灵中，如果学生只是死记硬背别人的想法，而不创造自己的思想并且用语言表达出来，学生就会变得对语言漠不关心、无动于衷。教师要对这种冷漠态度加以重视，不要忽视学生的无精打采。教师要教会孩子积极热情地对待语言！

关于获取知识

人们经常讨论学生脑力劳动的积极性问题,但是积极性也有不同类型。学生能迅速回答问题、能熟记阅读的内容或者教师的话,这些都是有积极性的表现。但这样的积极性不一定能够促进学生智力的发展。因此,教师应该努力促使学生发挥思维的积极性,让知识在运用中得到发展。

教师应当让学生在现有知识的帮助下去获取新的知识。在我看来,这是教师教学水平高的重要表现。在听课和评课的时候,我都是从学生的脑力劳动是否具有这一特点来对教师的教学水平作出评判的。

如何使学习成为一项思考活动,也就是一项获取知识的活动呢?这里最重要的是什么呢?

获取知识,意味着发现真理,回答问题。因此,请确保你的学生能够看到、感觉到他们难以理解的事物,从而让他们心中有疑问。如果你能做到这一点,就已经成功了一半。

但要真的做到这一点并不容易。在备课时，你需要以这样一个视角去看待教材，那就是发现一些不太显眼的关键地方，这些地方存在着一些因果联系，从这些因果联系中能够产生问题。问题恰恰能唤醒求知欲。

例如，现在我需要对"光合作用"一课进行备课，需要告诉学生植物的绿叶中发生了什么。我们可以按照科学原理，根据教学理论来呈现这门课，但是这样做，就无法达到激发学生思维积极性的目的。于是我思考了一下，因果关系的关键点在哪里？这里的关键点是无机物转化为有机物。这是一幅惊人的神秘图景：植物从土壤和空气中吸收无机物质，然后在其复杂的有机体中将其转变为有机物质。那么有机物质的建立过程是怎样的？植物的机体就好比一个神奇复杂的实验室，它到底发生了什么？它如何在阳光作用下将矿物肥料中的死物质变成了鲜美的西红柿，或芬芳的玫瑰花呢？

我这样进行教学的目的就是激发学生的好奇心，使他们发现这个问题的存在，让每个孩子都兴奋起来：这到底是怎么一回事？这一切似乎都发生在我眼前，但我却从来没有思考过。

如何引导学生提出问题呢？

为此，教师需要知道什么应该讲，什么不该说。没有说的东西就像是学生思想的"种子"。这里没有适合所有课堂的固定模板，一切取决于教材的内容以及学生已经掌握的知识量。比如同一个教学材料，在一个班级中不讲这些内容，而在另外一个班级中则不讲另一些内容。

这样，学生就有了问题意识。

接着，我就努力使学生从以前的生物课、劳动以及阅读过程中所获取的知识中抽取部分来回答这些问题。这种借用已有的知识来回答现有的问题的方法，就是获取新知识的途径。这里不必非得把学生一个个叫起来回答一些细枝末节的问题，然后把这些残缺的答案拼凑成完整的答案。这种教学法看似激发了所有学生的创造性思维，有的孩子确实在思考、回答，但有的孩子只是在听着。而我所需要的是所有孩子都在思考。因此，我通常的做法是，一边引导学生自己产生疑问，一边讲解教学材料，而不是把学生叫起来回答一些"小"问题。

为了使学生能通过思考获取知识，教师需要很好地了解他们的知识储备。有的学生能够牢记已学过的知识，有些学生总会忘记点儿什么。在这里，我需要成为学生进行脑力劳动时的重要引导者，使每个学生在听我讲解的时候，能够按照自己的方式，从思想仓库中提取储存的知识。如果有些学生的思想仓库中出现空白点，或者思想线索中断，我就需要用补充说明来填补这个空白，或者连接他们的思想中断处。当然，这需要超高的教学水平，这也是教学艺术性的一种体现。我探索过重复学习已学过的知识的方法，以便最有能力的学生也能从复习中找到新知识。在不存在知识空白和断节的地方，我通常会简短说明。在这里，学生看似没有学习的积极性，不回答任何问题，也不互相补充，但却是在不断地获取知识。我把这种获取知识的方法称作学生在思想中遨游，挖掘自己储存的知识。

如何引导学生从认识事实到了解抽象真理

当然,我们都遇到过一种现象:学生很好地背诵并且牢记了规律、法则、公式、结论,但是却不会运用这些知识,甚至常常连已背诵的这些知识的本质是什么都不了解。这个问题特别影响语法、算术、代数、几何、物理和化学等科目的学习。因为这些学科内容往往由整套概括性结论组成,而要掌握这些学科的知识,首先就是要学会在实际工作中运用这些结论。

在这种情况下教师们通常会说:学生们只是死记硬背却没有理解。但他们为什么会死记硬背呢?如何避免这种情况发生呢?

背诵牢记应基于理解。教师应当引导学生在思考(感知)、理解众多事实、事物以及现象的基础上进行背诵记忆;不让学生记忆那些还未理解的知识。从认识事实、事物、现象到理解抽象真理(规律、法则、公式、结论),都需要通过实际工作来完成,而这正是掌握知识的过程。

经验丰富的教师能够引导学生在理解的过程中记忆,也就是在深入理解事实、事物和现象的过程中进行记忆。例如,当学生需要学习俄语硬音符号的拼写规则时,教师就着手对许多实例进行分析——对许多有硬音符号的单词进行分析,说明这些单词的写法,从而让学生在实践中记住拼写规则并且养成运用这一规则的能力。事实上,通过不断地举例,学生也就理解了规则。学生逐渐相信,他们确实正在学习一个普遍真理。一般来说,这个真理因应用在许多话语中而被学生理解,而在重复认识的过程中,学生也就记住了真理。

经验丰富的教师授课时,通常不会让学生死记硬背结论,而是通过让学生在不断理解事实的基础上逐渐记住结论。理解和记忆的统一性越强,知识的意识性就越强,学生就越善于在实践中运用更多的知识。在实际工作中运用知识的能力如何,通常取决于学生以何种方式记忆知识。如果没有充分地理解、分析事实和现象,而是死记硬背,学生就不知道如何应用这些知识。

这是教学过程中非常重要的规律。多年的经验使我得出这样的结论:如果学生在小学阶段就已经通过理解事实、现象掌握了抽象的真理,他就具备了脑力劳动最重要的特征,那就是善于理解许多相互联系的事物、对象、事实、情况、现象以及事件。换句话说,他善于思考因果、从属、时间等关系。基于许多教学实践,我深信,学生思考算术题条件的能力(通常在四五年级时),往往取决于他们掌握抽象结论的能力。那些不善于思考题目,不善于理解数量关系的学生,往往是那些没有理解大量实例而死记硬背抽象结论的学生。相反,如果学生的脑力劳动是基于对大量实例的深入研究而记忆抽象真理,并不是死记硬背,他就不会将算术题看成是数字的各种组合,而是数量间的依存关系。他在阅读并理解习题条件时,不会先被数字分散注意力,进行具体的数字运算,而是会从整体上来解题。

无数的事实和孩子的实例使我坚信,学生在算术或以后的代数方面的落后是由脑力劳动中无法察觉的一种缺点导致的。现在我们就来谈一谈这种缺点。教师们对于学科之间的联系有过很多讨论,每位老师都很清楚应当在自己所授的课程中寻找与其他课程的教材相联系的地方,但学科之间的联系不仅于此。我坚信,学科间最深层的联系并不仅是教材内容之间的联系,而是脑力劳动的本质。学生基于科学基础而进行的脑力劳动会带来一种结果,那就是数学能够帮助儿童学习历史,而历史能够促进数学能力的培养。

众所周知，许多低年级语文老师教学过程中的一大难点，就是让学生自觉掌握语法规则。很大一部分学生不能解决识字问题，这是学校的一大灾难。我曾遇到过这样的现象：有学生在刚学俄语的时候没能牢牢掌握前缀 раз-，без- 和 рас-，бес- 的拼写，导致他在学习这条语法规则的时候犯了很多错误。于是，为了解决这个问题，有的教师就为学生提供很多有关这条规则的联系。他告诉学生：你先复习这条规则，然后进行练习。似乎这种教学方式可以带来积极的结果，但其实并非如此：有十年级的学生在作文考试时仍然会将 расцветает 和 разбежался 错写成 разцветает 和 расбежался。

出现这种奇怪现象的原因是什么呢？通过多年的教学经验，我得出了这样的结论：是否善于运用知识，取决于是否是通过理解事实来掌握知识，这两者间的关系在学习语法时体现得最为明显。学生对抽象真理、结论（语法规则）的首次认识，具有决定性意义。教师既要防止学生在首次学习教材时犯下很多错误，同时还要让他们牢记语法规则。当然，乍一看这个任务并不简单。

因此我们需要专门谈一谈教材的首次学习问题。

关于首次学习教材

学生学习落后、不能完成学习任务的根源，就是对教材的首次学习不够充分。

我所讨论的教材的首次学习到底是什么意思？这个术语我用得合适吗？在我看来是合适的。因为，知识是不断发展的，对教材的学习也会持续很长一段时间。运用知识的同时，知识本身也不断得到发展和深入。对教材的首次学习，是学生从不知到知，再向理解事实、现象、特征的本质迈出的最重要的第一步。

例如，学生在许多课堂上都要运用到简化的乘法公式。经验使我们相信，学生在学习公式的第一堂课上的理解程度关系到许多后续的学习，比如，首先影响到随时做好准备将公式作为工具去获取新知识，换句话说，影响到对后续新概念、真理的首次学习。除此之外，还有一条重要的规律：学生头脑中模糊不清、肤浅存疑的意识越少，他感到落后于其他同学的压力就越小，他思想上作为初学者学习新内容的准备就越充分，在课堂上的脑力劳动就越高效。

学生学习教材的第一堂课应当是最特别的一堂课。也就是说，这堂课必须特别清晰明确，学生在这堂课上必须充分发挥其独立进行脑力劳动的有效性。在首次学习教材的课堂上，教师应努力确保能看到每个学生的脑力劳动成果。此外，教师要特别注意那些学习困难学生的独立作业情况，因为这些学生往往思维比较迟缓，他们需要更多的实例和实践去理解教材（通常提供给这类学生思考的实例也与其他大部分同学不同）。

经验丰富的教师总是力求在第一次学习教材的课堂上就充分了解学生独立完成学习任务的情况。在这种课堂上，独立完成学习任务是必要的，因为这个过程可以让学生思考事实，从而逐步加深对概括性真理的理解（这里指自然学科和语法的课堂教学）。

让学生学会运用所学知识进行思考非常重要。在此，教师尤其需要加强对学习困难学生的引导工作。教师需要走近他们每个人，需要看到他们学习中的困难，需要给他们布置特定的家庭作业。有时候教师要在课堂上弄清楚，哪些学生需要布置单独的家庭作业，有经验的教师往往会直接在课堂上将这些作业布置给他们。学习困难学生的脑力劳动效率首先取决于其在首次学习教材的课堂上进行的系统性学习活动，教师不能让他们仅仅是听其他学生的正确答案、抄写板书，还一定要督促他们独立思考，耐心且有分寸地激励他们在每堂课上获取哪怕微不足道的成功。

在教语法时，我总是试图确保学生在首次学习教材的课堂上以及在课后的书面作业中不犯错。这听起来有点儿不合情理，但却是真理。如果学生在课堂上做到了不犯任何错误，那他就完全掌握了语法规则，在课后的家庭作业中也不会犯错（或者很少出错）。导致语文教师教学出现困难的一个重要原因，就是学生在课堂作业上就已经出错了。教师工作中的一大错误就是没有将努力不出错作为学生的学习目标提出来。

那么，如何在实践中使学生做到无错误书写，并由此奠定扎实的知识基础呢？这取决于很多因素，可能首要取决于学生流利阅读的能力。流利阅读是学生书写准确无误的前提。当然，其他因素还有课堂教学结构、课堂教学的方式方法。在备语法课时，我总是努力预估学生可能在哪个词上犯错以及谁会犯错。对任何一个学生可能会写错的词，教师都要提前做好解释的准备。

我的建议是：不要让学生在首次学习教材时仅从表面

理解事实、现象和规则,这样,之后他们就不会在首次学习语法规则时出差错,不会在首次学习数学法则时错误地举例、解题等。

思考新教学内容是课堂教学的环节之一

或许每个老师都不得不面对这样的现象：昨天在课堂上，每个学生都很好地掌握了规则（定义、法则、公式），课堂问题也回答得很好，还能举出例子；但是今天，教师一看，课堂上有很大一部分学生对已经学习过的内容记忆模糊，有些学生甚至完全忘记了所学内容。事实上，许多学生在做家庭作业时都遇到了很大的困难。而在课堂上，这些困难并没有引起教师的注意。

理解——不等于完全知道，也不等于完全掌握了知识。要想拥有牢固的知识，必须进行思考。

思考意味着什么呢？那就是，学生要思考他学习了什么知识，检验自己对知识的理解是否正确，尝试把学到的知识用于实践中。

我举一个例子来具体说明。在几何课上，学生们第一次学习关于三角函数的概念，教师会教正弦和余弦两个函数的定义。这部分知识并不难，似乎一下子就能理解。但很明显，理解不代表牢固地吸收。因此，教师在解释完知识点后，应给予学生一些思考消化新知识点的时间：让学生打开笔记本，粗略绘制出一个直角三角形，记下教师讲授的所有知识点，复习正弦和余弦的定义，并自己举例证明三角函数关系。这样，复习知识就与初步运用知识结合在一起。不过，事实表明，在自测过程中，许多学生无法完整重现教师讲授的过程。当学生确信自己已经忘记讲解中的某个环节时，就会寻求教科书的帮助，但在这么做之前，他应尽力自己回想。

对于大多数学习困难学生而言，理解新教学内容的阶段尤其重要。经验丰富的教师注重让学习困难学生将注意力放在教学要点上，因为这些要点实质上是因果关系，也就是知识的基础。多年的教学经验使人相信，学习困难学生掌握知识不牢固的原因在于，他们看不出来，也无法理解事实、现象、真理、法则之间的连接，也就是因果关系、从属关系、时间关系以及其他关系的产生"点"。因此，学习困难学生必须将注意力放在这些要点上。

以向学生讲解副动词短语为例。这里的难点是：副动词似乎是第二位的，是从属于主要谓语动词的。我给学生一些思考新教学内容的时间后，就让一个学习困难学生造两个带副动词短语的句子，在这个句子里，应该让同一个主体完成两个动作，一个是主要的、主导的，另一个是次要的、从属的。于是，学生一边思考现实生活中的动作，一边造出了句子。

无论课堂教学材料的理论性多强，总会有实践的机会来使学生更好地掌握这些知识。在历史和文学课中，理解新教学内容通常意味着要学生找出刚讲过的知识之间的因果关系和意义上的联系。例如，教师讲授了1861年俄国农奴制改革的专题。为了让学生思考理解新教学内容（五至七分钟），教师提出了问题：如果沙皇政府不解放农奴，俄国的农业发展将走什么样的道路？1861年以前，俄国农业和工业资本主义发展之间存在什么关系？这种关系在农奴解放后的表现如何？1861年后，是什么在继续阻碍俄国资本主义的发展？即使在1861年改革之后，俄国农业封建制度仍然存在的原因是什么？这些问题被写在一张大纸上，教师解释完教学内容后就立刻把它张贴在黑板上。我相信，这时，课堂教学中最紧张、最有趣的环节之一开始了：学生们回想之前章节中学过的内容，在教科书（顺便说一句，在人文学科的课堂上，教科书的首要作用是让学生思考理解新知识）中"搜寻"。这样，在学习过程中就产生了在我看来是最重要、最有益的活动,即不需要通读全部材料来复习已学过的内容。这样的复习是最有效的,因为其本质是思考。

因此,不要害怕在每堂课中分配尽可能多的时间给学生用来理解新教学内容。它将带来丰厚的回报!在理解知识的过程中,学生的脑力劳动越高效,其完成家庭作业所需的时间就越少,教师在下一堂课上检查讲解功课花费的时间也就越少,那么用来解释新教学内容的时间就越多。理解了这种相互依存的本质后,你就可以打破这样的怪圈:没有足够的时间学习新教学内容,因为把大量时间花在检查家庭作业上;检查家庭作业需要花费大量时间,因为对新教学内容的学习不够充分。

怎样使检查家庭作业变成一项高效的脑力劳动

多年来，我一直为检查家庭作业时的不良状况感到不安，感觉是在白白浪费时间。这样的场景我们每个人都很熟悉：被点名的同学回答问题时，其他同学都在做自己的事，顶多只有预感自己会被叫到的时候才会考虑如何回答问题。我一直在想：如何在检查作业时让全班同学都能思考提出的问题，也让教师有机会了解全班同学的学习情况？

草稿本可以帮助解决这个问题。几何课上，全班同学准备好接受检查家庭作业。教师给全班同学布置任务：推算出圆的面积公式；自编有关圆面积的习题并解出；简述全等三角形的特征。全班同学都将任务写在草稿本上，此时的草稿本替代了黑板，不需要让学生到黑板前解题。这时候，教师要仔细观察每个学生的解题情况，如果想确定某个学生对推算出的公式有多深的了解，就请这个学生解释他正在做什么、做的原因以及方式等等，而不必把学生叫到黑板前去解释。这样，每个学生在草稿纸上做题就像被叫到黑板前去做一样。教师在学生完成解题任务的任何阶段，都可以随时让全班或者部分同学停下来。

这种工作方式的优势主要在于，不需要让学生复述就可以对其掌握知识的情况进行检查。教师能通过一种最便捷的方式来了解学生对知识的掌握情况。同时，每个学生都是完全独立地完成学习任务。这里还有两点很重要：第一，检查知识就是积极地运用知识；第二，教师有机会的话应仔细监督学习困难学生完成学习任务，并且要考虑到他们的个人能力和完成的可能性。

在我们学校，当检查三至十年级学生的家庭作业时，我们会让所有学生都使用草稿本。现在，我们都无法想象没有草稿本该如何检查作业。经验使我们相信，这种检查作业的方式可以让学生养成简明扼要地表达思想的习惯，避免死记硬背。只会死记硬背的人，永远不可能简明扼要地回答问题并说出最重要的内容。我们这种检查家庭作业的方式可以让学生学会边阅读、边记忆、边思考。

在检查家庭作业时，如果用对新事实的思考来验证概括性的结论（规则、公式、法则），那么脑力劳动的有效性将大大提高。通常，在低年级，我们不会在上课开始时专门抽出时间来检查学生的知识。知识的检查与知识的加深、发展和运用紧密融合在一起。例如，教师需要检查学生对于一些语法定义的掌握：句子的主要成分和次要成分、主语与谓语之间以及主要成分与次要成分之间的语法关系。学生就打开一个本子作为草稿本，教师则布置一项具有实践性质的任务：学生使用"道路"一词分别以主格和其他五个格的形式造六个句子，并且说明主要成分和次要成分之间的关系。对于那些很快完成练习的同学，教师再布置一道题：造三个分别带有一个、两个、三个同等谓语的句子。完成这项实践练习题后，学生不仅运用知识的能力得到提高，还进一步理解了这些知识。

千万不要将给学生打分作为检查知识的唯一目的。尽可能让知识评估与其他目标结合在一起，其中首要的是与知识的进一步理解、发展和加深结合起来。千万不要走极端，比如，对每一个回答、每一个书面作业都进行评分，这会导致负面的结果。为什么会这样呢？下面我会专门说明。

评价应当有分量

我们绝不能把对知识评分作为独立的一部分从教学过程中抽离出来。只有当教师与学生之间的关系建立在相互信任和关怀之上时,评分才能成为学生积极从事脑力劳动的动力。或者说,评分是一种最微妙的教育工具。从学生看待教师所给分数的态度,就可以看出学生对教师的态度,可以看出他在多大程度上信任和尊重教师。因此,关于对学生知识掌握情况的评分问题,我想提出一些建议。

首先,可以让评分的次数少一些,但要保证每次评分都更有分量、更有意义。在我漫长的教学生涯中,我教授过中学教学计划中几乎所有科目(除了制图课),却从来没有对学生在课堂上的回答(即使有时候一堂课回答了两个、三个甚至更多问题)进行过评分。我总是对学生在某一个阶段的学习进行综合评分,这种评分通常包括好几个部分:回答问题(有可能是对几个问题的回答)、对其他同学答案的补充回答、书面作业(少量)、课外阅读、实践作业等。我通常定期研究学生的知识状况，学生们也能感受到这点。到时间了我会说:"现在，我要给你们打分了。"下一次定期研究开始时，学生们就知道了，没有什么能逃过我的眼睛。有些读者可能会问：难道一切都能记得住吗？也许有人难以记住与学生脑力劳动有关的一切，但在我看来，这是最重要的。如果教师忘记关注该关注的东西，还谈何边教学边教育、边教育边教学呢？

其次，如果学生由于某些状况而没能掌握知识，我绝不会给不及格的分数。没有什么比意识到前途无望、自己什么也不行更让孩子感到沮丧绝望的了。垂头丧气、郁郁寡欢会严重影响学生的脑力劳动，会让他们的大脑处于麻木状态。只有愉快、乐观的情绪才是思想之河的生命之源。失落、沮丧会导致这样一个事实，那就是控制情绪和感情色彩的大脑皮层下的神经中枢不再刺激大脑工作，相反会禁锢大脑。我一直努力让学生相信自己的能力。如果学生想学习知识却又做不到，那么教师就需要帮助他向前迈出哪怕一小步，这一步将成为思想的情感刺激——认知的快乐。

永远不要着急给出不及格的分数。要记住，成功的喜悦是一种强大的情感力量，孩子想要变得优秀的愿望就依赖于这种力量。请确保孩子的这种内在力量永不耗尽。如果没有这种力量，任何教学方法都无济于事。

第三，如果你发现学生对知识的理解含糊不清，或者他们对所研究事物和现象的理解模糊，就不要给出任何评分。在我带过的每个班级中，都会有这样的学生。我对他们的精神生活进行了细致研究，仅通过眼睛就可以知道他们有没有理解我提出的问题。如果学生的眼神表达出来他们还没有准备好回答问题，我就根本不会对他们进行评分。我们应当首先确保学生掌握了知识，再去进行评分。

第四，应当避免提出这样一些问题，即这些问题的答案是完全重复教师的讲解或书本中的原话。在教学过程中，有一件非常有趣的事情，我将其称为知识的转化。这指的是思想不断深入知识之中，使学生每次回到以前学过的知识上时，都能在事实、现象、法则中看到一些新的特征和方面，同时能对这些新的东西进行思考、分析。知识的转化应当是复习的基础，关于这一点，我想单独提一条建议。

学习之母不应该成为后妈

民间教育学认为,复习是学习之母。但是"好母亲"常常成为"邪恶的继母"。通常这种情况出现时,学生不得不在一天或者几天内做完本应几周或者几个月做完的事,比如复习十节、二十节或者更多节课上学过的知识。大量事实和结论朝学生身上压来,会让学生的脑袋乱作一团。因为,学生不仅要复习一门课的内容,还要学习其他科目。无法进行正常的脑力劳动,学生被压榨得筋疲力尽。

如何在教学中正确地组织学生复习呢?首先,我建议教师们考虑课程和具体教材的特点。比如在九年级,复习几节物理课和几节历史课是完全不一样的。

有经验的教师在组织学生复习物理、代数、几何、化学等学科的规则、定律、公式、结论时,会主要让学生完成实践作业,比如做练习、做习题、画图、制表等。在这里,教师需要注意的是,完成一项实践性任务至少需要学生掌握两个或更多的概括性结论。在完成这种性质的作业时，就产生了一个对智力发展非常重要的知识转化过程——概括性真理通过相互联系而被重新理解，学生会从一个全新的角度重新观察事实、对象和现象。比如，一位数学老师为了复习知识而布置了许多习题，在做这些习题的过程中，学生不仅复习了几何图形的体积，也复习了三角函数。长期的经验证明，如果两个概括性结论得到连接，有了一定的联系，那么在知识转化上就会产生一个飞跃：两个真理都能被更深刻地理解，学生能在这些理论性结论中发现以前从未见过的东西，深入理解一个结论也能让另一个结论变得更加明晰。

在代数、几何、物理等学科中，我建议教师们采用我们学校优秀教师通常使用的综合复习法。这种复习法可以有很多变种，比如，布置给每位学生制作几何图形模型的任务，借助该任务可以复习很多重要的公式；或者学生根据老师布置的作业，制作能表明一些定理的几何图形示意图。

如历史、文学等人文学科的复习，性质则又不一样。复习第七至八节课学习的内容，意味着要阅读四五十页的内容。在复习时，就当然不能与学习教材内容时的态度一样。复习内容庞杂的教材时，应当撇开教材本身，让主要内容更明晰，而忽略一些次要内容。如果学生在复习时只是从头到尾再读一遍教材内容，就会负担过重，而且最主要的问题是，教材内容的中心思想会被忽略，它们的教育作用也会随之被降低。

因此，有必要教会学生撇开教材本身——不要过度关注细枝末节，而要将注意力放在最重要的内容上。要专门用几堂课来复习历史和文学课的章节和标题，并向学生说明如何不通读就可以复习的方法。与课堂上（和日后在家里）复习的内容有联系的知识越广阔，学生对教材内容的掌握也就越深刻。

教师要教会学生，尤其是高年级学生，忽略一些次要的内容，将注意力放在主要的内容上。这种能力，是形成世界观的基础之一。

还有一种复习方法。在教数学、物理、化学、生物课时，我总是会坚持一个在我看来非常重要的要求，那就是在每门课的笔记本中专门留出一块空白的地方，用红笔记下要永远记住的内容。学生在翻看课堂笔记时就可以复习这些规则、公式、法则以及其他结论（通常数学和物理课一周复习一次，化学课两周复习一次，生物课三周复习一次）。

怎样减轻批改作业的负担

一位教师在来信中写道:"批改作业会消耗掉所有的空闲时间。"成千上万的教师一定会同意这个说法。每当面对一摞需要批改的作业本,教师的心都会颤抖。因为这不仅要花费大量的时间,而且最令人苦恼的是,这项工作单调且无聊。

教师和人民教育工作者主要追求的是最大限度地缩短批改作业的时间,但却无济于事。这是为什么呢?因为学生的作业中有很多错误。学生作业的批改问题是众多学校问题之一,其解决之道取决于许多前提和条件。在这里,我不可能提一条建议并告诉你们:"按这样做就可以。"但是如果全校教师在教学中能遵守一定的条件,那么在批改作业上花费的时间大概能减少三分之二。

学校应首先具有高度的语言文化氛围,应保持对语言的敏感性。说得不正确或者写得不正确,不仅要让老师,还要让学生感觉到不和谐,就像乐感强的人感到音调不准一样。应当建议低年级教师,要培养学生对语言的感情色彩的敏感性,使学生感到听语言像听音乐一样。形象地说,学生应当成为语言的音乐家,重视语言的准确性、纯洁性以及优美性。请带领孩子们进入大自然,向他们展示颜色、声音以及动作的细微差别,在他们面前展示人类劳动的创造力,并将所有这些都通过语言以及语气反映出来。

我们学校专门安排了一些课程用来学习诸如黎明、傍晚、草原、田野、河流、潺潺声、闪烁、轰鸣……这类词,我们和孩子们一起用每个词造句。这些词深深地进入了孩子们的精神生活中,他们学会了用这些词表达最细微的情感,表达他们对周围世界的印象。这并不是一件容易的事,甚至这是教学工作中最复杂的一门学问。这门学问的基础是在低年级阶段就要打好的。而这些东西,如果在低年级阶段被忽略了,是永远也无法弥补的。

要把学生从书本和思想引向活动,再从活动引向思想和言语。活动应转化为学生自己的思想,而学生自己的思想应通过语言表达出来。在实践中就是要让学生尽可能以自己的活动作为思考、评判的对象,讲述、讨论、报道他们亲手所做和亲眼所见的事物。如果词语没有与学生平时所做所见、所思所想的事情联系起来,学生在理解这些词语的意义时就会感到困惑。应当给学生布置这样的作业：让他们进行讲述、总结、报告，使他们现有的知识得到运用，让语言成为创作的工具。

为什么学生会犯很多错误？为什么他们的书写经常不合规范？在我看来，根源在于能力与知识之间的不平衡。在绝大多数课程中，尤其是语法课、文学课、数学课这类课程体系中，能力远落后于知识。事实证明，当为知识"服务"的能力薄弱时，知识就会成为沉重的负担。

减轻批改作业的负担，与教学过程中的一系列根本问题密切相关，但可以提出一些减轻这种负担的前提条件。首先，在每节课中专门抽出一定时间，让学生书写和记忆可能会出现语法错误的单词；其次，为了防止出错，提前对完成家庭作业做好细致的准备工作；第三，可以说，有经验的语言、文学、数学、物理老师都有自己批改作业的方法，而经验表明，最合理的方法是定期抽查学生的作业：教师不时地只批改几个学生的作业，只有在测验时才全面检查全班同学的作业。

学生上课时能进行积极活动的学习内容

有经验的教师在着手进行教学前,总会提前安排好学生在整个课程学习期间(小学阶段是整个教学周期内)能够进行积极活动的内容。其目的不仅仅是培养学生在生活和劳动中所必需的实践能力,还要使他们在课程学习的体系内进行积极活动,这里首先指的是智育,即发展思维和语言。我们已经说过,学生的素养以及语言在其精神生活中的作用很大程度上取决于学生进行的积极活动的性质。

如何组织学生进行积极的活动,从而促进其智力发展,提高其思维和语言能力,提升其文化素养呢?

积极活动就像连接语言和思想的桥梁。我在为小学各年级备课时,总会为所有学生提前准备好一些积极活动,使事实、事物、现象、劳动过程之间的相互关系通过这些活动被清晰地表现出来,从而使学生获得更清晰的理解。换句话说,我努力使学生的思维在劳动中产生,而不仅仅是巩固学生在课堂上学到的知识。

学习一门学科时的活动，不应该仅仅是证明知识的例证（当然这也是必要的），还应该是新的真理、发现和规律的来源。例如，每位学生在几年时间内学习种一棵果树。在这期间，他会有越来越多的新发现，会产生许多新的思想，这令他激动不已，然后他通过语言词汇将其表达出来。语言词汇成为学生表达自己独特思想的手段和工具，这些思想是学生对通过劳动发现事物之间相互联系的见解。如此一来，这些语言词汇就进入了学生的常用词汇库里，并促进其感觉和思维的发展。

上百个学生的例子使我确信，如果学生对能够不断揭示事物之间新的关系和相互联系的有趣劳动很感兴趣，他们的思维和语言就不可能杂乱无章。也就是说，他们不仅仅在劳动，还在劳动中思考，讨论事物间的因果关系，安排未来另一阶段的学习工作。

一年又一年，我越来越相信，能让学生清晰表达思想的积极活动能够发展学生的语言能力，提高他们的基础文化修养。应该说，劳动只有在小学阶段开始之初就组织进行，才能在学生智力发展中发挥作用。

我们学校每位中高年级教师在备课时，都会提前设想针对每个学生的积极活动，以此促进学生智力的发展，丰富学生掌握的概念和规律。我坚信，没有人与自然的相互作用，就没有智力的发展，就像没有旋律就没有音乐、没有词汇就没有语言、没有书籍就没有科学一样。在生物、物理、化学、数学这类课程的学习体系中，劳动和思维、活动和语言的统一性是学校作为思想发源地的重要基石之一。有经验的教师在对这些课程进行备课的时候，总是会思考通过何种劳动可以揭示在课程学习体系中思维所依赖的种种相互关系。例如，物理教学体系中的基本关系和相互联系表现在诸如物质、能量、运动、能量转换、状态变化、现象互相作用等这类现象和概念之中。物理老师就寻找机会组织一些劳动，以此将所有概念体现在具体的关系中。比如，教师布置给一个学生一项任务：制作一种装置的基本模型，在这种装置的模型中，机械能可以转化为电能，电能可以转化为热能。另一个学生则进行另一项任务：制作另外一种装置模型，在这个装置模型中，机械作用可以导致物体形态的变化。这些活动，不仅仅是证明知识的例证，它们本身就可以被认为是行动中的知识。

我向老师们建议，如果你们希望自己的学生是有思想的人，并且能够通过清晰的表述将逻辑严密、清楚完整的思想表达出来，你们就要把他们吸引到充满思考的劳动中去,通过劳动把知识体系中的种种关系体现出来。请记住,劳动——不仅仅意味着实践能力和技巧,它首先代表着智力的发展、思维的能力和语言的修养。

教学生观察，教学生看

可以说，在某些学校，观察并不被认为是积极的智力活动之一，不是发展智力的一种方式，而只是说明某些主题、章节的一种手段。

教学工作水平的高低，很大程度上取决于观察在学生智力发展中所占据的地位。学生可以从观察中汲取知识，知识也会在观察中变得活跃起来，可以说，通过观察，知识可以流动，还可以被当作一种工具在劳动时得到运用。如果说复习是学习之母，那么观察就是理解和记忆之母。观察能力强的学生，绝对不会成绩落后或言语不通。善于帮助学生不断利用以前获得的知识来进行新的观察的教师能达到这样的教学效果：学生的知识越"老"，也就越牢固。

低年级学生非常需要观察，就像植物需要阳光、空气和水一样。在这里，观察是智慧能量的最重要来源。孩子越需要理解和记忆，就越需要看到周围自然界和劳动的种种相互关系。在教低年级的孩子时，我通常会教他们从平常事物中看到不平常的东西，为回答为什么而去搜寻和发现因果关系。

二月，正是寒冷的冬天，但这天却艳阳高照。我和孩子们来到寂静的、白雪皑皑的公园。"孩子们，仔细观察一下你们周围的一切，你们是否看到了春天即将到来的最初迹象呢？你们中哪怕是最不细心的孩子也能发现两到三个征兆，要是不仅看，还思考，你们就能发现二十个征兆。谁要是能听懂大自然的音乐，就能听到春天醒来的第一首旋律。看吧，听吧，思考吧！"我对学生们说道。接下来，我就看到孩子们如何仔细观察白雪覆盖的树枝树皮，怎样仔细聆听大自然的声响。每一个小小的发现都让他们感到无比开心。每个孩子都想找到新的东西。

从那以后，我们每隔一周都会来到这个公园，每次都会有新的事物出现在好奇的儿童面前。在低年级阶段受过观察训练的孩子，能很清楚地区分懂和不懂的事物，尤为重要的是，他们会积极地对待词语。教师经常能在不经意间从受过观察训练的孩子口中听到一些智慧的、"充满哲理"的问题。

要教会孩子观察和细看周围的世界。在大自然发生猛烈、急速变化——万物复苏、生物的内在力量更新、强大的生命力量聚集时,请一定要带领孩子们到大自然中去。

学龄早期的观察训练,是智力发展的必要条件。

如何利用阅读发展知识

对于学龄中期和学龄晚期的儿童而言,阅读科普读物和科学书籍所起到的作用,相当于观察之于学龄早期儿童的作用。善于观察的学生也容易培养出对科学书籍的敏感。如果不经常阅读科学或科普书籍,是很难培养出对知识的兴趣的。如果学生的阅读没有超过教科书的范围,也就谈不上对知识拥有持续的兴趣。

科学正以空前的速度快速发展,我们不可能将不断出现的新概念和规律及时加入到教学大纲中去。因此,在现代学校中,阅读科学文献成了教学过程最重要的组成部分之一。

教师要善于唤醒学生对阅读科学书籍的兴趣。为此,在阐述教学大纲规定的新内容时,应当利用一些课外知识来解释某些问题。有经验的生物、物理、化学、数学教师在讲课时,就像给学生打开了通往广阔科学世界的窗口,并留下一些东西不完全讲透。学生看到了教学大纲必修教材之外的那些可能性，对在无边无际的知识海洋中畅游的前景感到非常激动——这就是阅读的动力：因为青少年们都渴望获得知识。

学校或个人图书馆中必须备有能延展教学大纲材料中的知识的书籍。已出版的这类书籍很多，正在出版的也很多。阅读有关现代科学前沿问题的科学和科普书籍特别重要，有助于阐明学校里教授的基础知识。

阅读具有极其重要的意义，它可以延伸教学大纲中最难部分的知识，而其他章节的知识又与这部分最难的知识紧密相关。有经验的教师总是力求让学生在学习困难知识之前、之时以及之后都进行科普读物的阅读。学生还没有学习量子理论的基本概念，就已经开始阅读相关书籍，尽管不是非常明白，但也没什么关系。在学习新的教学材料的过程中，学生提出的问题越多，他对课堂知识的兴趣就越高。一般来说，在学习课程材料之前的问题积累过程，是一个非常有趣的教学法问题。

阅读——学习困难学生智力发展的重要手段

这里的学习困难学生指的是对所学内容理解、思考、记忆很困难、很缓慢的学生:这项内容还没来得及理解,就已经要开始学习另一项内容了;记住了这个知识点,忘记了另一个。有些老师确信,可以通过最大程度上减少他们的脑力劳动来减轻他们学习的负担。(有时他们会对学习困难学生说:"你们就只读教科书,不要分散精力去阅读其他材料。")这是完全错误的观点。学生学习越困难,他在脑力劳动中遇到的难题就越多,他就越需要阅读:就像感光力弱的胶卷需要更长的曝光时间一样,学习困难学生的智力也需要更长久的科学知识之光的照耀。不需要补课,不需要无休止地"督促",应该让他们阅读、阅读、再阅读。阅读对学习困难学生的脑力劳动起着决定性的作用。

在基洛夫州博格丹诺夫中学的优秀数学教师、乌克兰苏维埃社会主义共和国功勋教师 I.G.特卡钦科那里,就没有成绩不佳的学生。这位教师创造性工作的显著特点就是我们这里谈论的——阅读。他很善于有智慧地组织阅读，从而发展学生的智力。如果特卡钦科没有配备一个出色的图书馆，没有上百册能以清晰、引人入胜的方式解释在这位教师看来世界上最有趣的科学（也就是数学）的书籍，他所任教的五至十年级的班里，很难不出现学习困难、成绩不佳的学生。在开始学习方程式之前，学生们就已经阅读了几十页关于方程式的材料，其中最重要的是关于民间智慧如何用益智谜题体现方程式的有趣故事。

阅读的关键之处，不仅在于不会使学生成绩不佳，还在于正是通过阅读，学生的智力水平才能得到发展。学习困难学生读的作品越多，他的思想就越清晰，头脑就越活跃。

教师需要关心的一件重要的事，就是引导成绩不佳的学生阅读那些严谨、系统的科普作品。从本质上讲，在学校生活实践中，这是对后进生进行针对性工作的主要内容。

不要让能力和知识之间比例失衡

能力和知识之间的不平衡在于,学生还不具备相应能力来作为掌握知识的工具,但教师却不断要他掌握各种新的知识:要掌握,不要错过!这样的学生,就像一个没有牙齿的人被迫囫囵吞枣,他刚开始会觉得不舒服,慢慢就会生病,再也吃不下任何东西……

之前我已提及一个事实,那就是许多学生无法掌握知识的原因是他们无法快速、有意识地阅读,不会边阅读边思考。这就是最可悲的失衡之一。能够流利且有意识地阅读,包括朗读和默读,不仅是学生具备基本读写能力的体现,而且是其在课堂上和独立阅读时能充分进行逻辑思考的最重要的条件之一。

不善于流利、有意识地阅读的人不能成功地掌握知识。流利、有意识地阅读意味着我们可以用眼睛和思维接收一部分或不长的整个句子,眼睛从书本移开后,可以说出记住的内容,同时进行思考——不仅思考所读的内容,还思考与之相关的情景、形象、概念、事实和现象。

在小学阶段，阅读就需要达到这种完善的水平，否则，孩子将无法有意识地掌握知识。此外，不善于快速阅读却执着于掌握知识，会使学生的智力变得迟钝，造成思维混乱、零散、不连贯和简单化。你可能遇到过一些五六年级的学生，像俗话说的那样，连一句完整的句子都不会说。我逐字记下了这些学生的言语并进行了分析：这些话似乎是脱离了上下文的独立单词，彼此之间没有任何联系。这些学生根本无法用语言表达自己的想法，因此他们的表述模糊不清。多年来对这些可悲事实的研究使我得出一个结论：由于无法流利、有意识地阅读，无法边阅读边思考，一些孩子出现了智力上的含糊不清（我如此称呼这个缺点）。孩子不能理解许多词语，原因很简单，他们来不及很好地阅读并理解这些词语的含义，更无法有意识地把它们跟相应的概念联系起来。学生无法快速、有意识地阅读，就来不及思考。阅读而不思考就会使孩子的智力变得迟钝。

怎样做到流利、有意识地阅读，从而使孩子能通过眼睛和思维快速理解含义相连的一组词汇呢？要达到这一点，需要一整套的系统练习。在这里，我谈一下我是怎样检查学生流利、有意识阅读的能力的。学生阅读（第一次）一个童话或者故事，比如一个关于原始人生活的故事。我在学生面前的黑板上挂一张色彩鲜艳的图画，这幅画描绘了一个原始人的生活：生火、准备食物、捕鱼、玩一些幼稚的游戏、制作衣服。如果学生（这里指的是三年级的学生）在大声朗读的同时，视线无法离开书本，在快读完的时候才会好好看一下画，并且读完后记住的是故事中没有讲到的细节，就说明他不善于阅读。视线一秒都不离开书本的阅读远不能称之为阅读。在阅读过程中什么都无法领悟的学生，从本质上来说不善于边阅读边思考，而这恰恰不能称之为有意识地阅读。

在学习的某个阶段，学生必须掌握快速书写的能力，以便他能够边写边思考。如果没有习得这项技能，将会造成又一个不平衡现象。要掌握这种书写速度，也需要进行足够多的练习。书写过程必须达到一定程度的自动化，从而使学生不需要考虑如何将字母组合成单词、需要写哪些字母，而是将注意力放在所写内容上。通过足够多的训练，在第四学年可以达到这一目标。但书写的自动化也依赖于阅读，书写总是出错的人往往阅读也不好。

为了培养学生流利、有意识地书写（在阅读能力良好的条件下），可以采用以下教学法进行练习。老师给孩子们讲述一些自然现象、事件，在讲述中明确突出逻辑相关的各部分，每一部分都包括主要内容以及与之相关的细节。在教师讲述时，学生按照教师所讲顺序把主要内容记下来。如果没有边听边记下故事（课程、简述）内容梗概的能力，更难谈掌握知识了。在许多情况下，学生成绩落后恰恰是因为缺少这项基本、同时又重要且复杂的能力。

这项技能的作用不仅限于实际运用，它也是智力发展的必要前提。没有边听、边写、边思考的能力（就像没有边读、边思考的能力一样），是不可能扩展知识的。

成功掌握知识很大程度上取决于一项非常重要的技能，那就是善于选择、归纳和分析事实的能力。有经验的自然科学和语法等课程的教师特别注重的，是避免学生的思维受限于教师阐述（解释、讲授）时所引用的事实，从而使学生的知识和能力之间出现失衡状态。这种失衡状态会导致知识一直停留在学生的头脑中，成为一种僵化的负担，得不到任何发展。因为这些知识不会发生转化，不会因为新事实的增加而丰富起来，也不会被用来解释新的事实。这就是我称之为知识僵化的现象。在这种知识僵化的状况下，一些十分奇怪的现象就会出现。例如，学生背熟了四种物质状态的概念,但在生活中,他完全没有注意到还存在许多可以从全新的、以前未可知的角度去解释这些概念的事实。这就导致在测验中遇到物质从固态转变为气态这一日常生活中经常遇到的现象时,学生茫然无措,无法理解和解释其本质。

为了能够在生活中有意识地运用所学的知识,我们就必须独立收集大量事实,并且去理解这些事实,对其系统地归类、对比、分析。事实的收集和处理本身就是知识的一种状态——一种流动的状态。这种状态是指有意识地从课堂上所获得的知识体系中选取需要的规律、特性和定义。将知识引入这种状态是多么重要!多年的教学工作经验使我深信,收集和处理事实是一种特殊的能力,它能使知识一直处于发展的状态,而这种发展也是非常独特的:学生不仅分析周围的事物,还对自己的各种想法进行分析。在收集并处理事实的过程中,学生也会走上自我教育的道路。

在我看来,某门课程体系中的事实特征是一个非常重要的教学法问题,同时也是一个基本的教育学问题。可以形象地说,事实就是依托思维之翼的空气,教师要从事实的角度分析教学大纲。需要思考的是,将哪一部分事实用于课堂讲授，哪一部分让学生自己收集和处理。同时，教师要为收集事实的过程制订方法准则，要教学生基于事实进行思考。

兴趣的奥秘何在

每个老师都渴望学生对自己的课堂感兴趣。那么如何使一堂课有趣呢?是否所有的课都能令学生感到有趣呢?兴趣的来源在哪里?

课上得很有趣,意味着学生在学习、思考的同时,还能感受到高兴和激动,对呈现在自己面前的真理感到兴奋,甚至是惊讶,意识并感受到自己的智力带来的愉悦,体会到创造的喜悦,为人类的智慧和力量感到自豪。

认知,本身就是一种让人感到惊奇、惊叹的奇妙过程,能激起旺盛而持久的兴趣。取之不尽的兴趣之源,存在于事物的本质中、事物的运动和变化中、事物之间的相互关系中、人类思想以及人所创造的一切中。在某些情况下,这种兴趣的源泉就如同一条在眼前流淌的溪流,走近一瞧,面前呈现出的是一幅充满大自然奥秘的美妙图景。在另外一些情况下,兴趣之源隐藏在深处,需要我们费力去寻找、挖掘,而且情况往往是,"接近"和"挖掘"事物本质及其因果关系的这一过程，本身就是兴趣的源泉所在。

如果仅依靠一些表面显而易见的激励措施去激发学生的学习兴趣，你将永远不会培养出学生对脑力劳动的真正热爱。教师要努力让学生自己发现兴趣的源泉，使他们在发现的过程中感受到自己的付出和进步，而这一过程本身也是最重要的兴趣源泉之一。缺乏积极的脑力劳动，我们无法想象学生对课堂是有兴趣和专注力的。

求知兴趣的首要来源以及第一个火花，存在于教师对课堂教学材料、对被分析的事实所采取的讲授方法中。学生真正理解真理知识，来源于他意识到事实和现象之间的连接点以及联结这些事实和现象的线索。在备课时，我总努力思考这些连接点和线索，正是由于这种思想的凝结，才会在认识周遭世界的真理和规律时发现一些新的、未曾预料的东西。

例如，在下一节课中，我们将会学习植物的根系及其在生命活动中的作用。学生已经见过植物的根部无数次，很有可能课本中已没有能令他们感到有趣的东西。但是，兴趣——正在于去认识隐藏的事物。我给孩子们讲，纤细的根须是如何在土壤中吸取植物所必需的养分的。我将讲述的重点放在事物之间的连接点上：土壤中时时刻刻都存在着生命活动，在土壤的深处也永不停息，无论冬夏；实际上，有数十亿种微生物在为根须提供服务，没有这种复杂的生命活动，便没有生生不息的参天大树。"孩子们，让我们来弄清楚，"我说，"这种土壤中复杂的生命活动是怎样依靠周围环境中的物质而进行的。你们会发现生物和非生物之间的相互作用。"非生物是怎样成为生物的"建筑材料"的——这就是我讲授的连接点，也就是在学生面前呈现出某种新的东西，从而激发学生对大自然奥秘的惊奇之感。学生们越是被这种惊奇感所吸引，他们就越想知道、思考和理解更多的东西。

兴趣的源泉还在于知识的运用，在于体会到智慧能支配事实和现象。在人类灵魂的最深处有一种迫切的需求，那就是总想成为发现者、研究者、探索者。在儿童的精神世界中，这种需求尤其强烈，但如果不给这种需求提供充分的养料，即不积极接触事实和现象，缺乏对事物的认知乐趣，这种需求就会慢慢消失，对知识的兴趣之火也会一并熄灭。

我认为，一项非常重要的教学任务就是不断支持、加深学生成为发现者的愿望，并通过特殊的教学法去帮助他们实现这一愿望。通过课程的学习，孩子们对土壤中不能直接观察到的生命活动产生了兴趣，于是我们走进田野，专门去看土壤的切面情况。孩子们惊叹，小谷物的根竟然有两米长，这对于他们来说是一个真正的发现。但实际上，孩子们此时才刚刚踏上发现者、探索者的道路。我向孩子们展示了几种草地草和草原草的根，这些草根连一根茎都没有，有些则乍一看像完全枯死了。但是，我们把这些草根种到地里，发现它们最终都活了下来，长出了绿芽，变成了青草，葡萄藤的根也发芽生长了。

这使孩子们兴奋不已，他们变得好奇而激动。他们体会到了作为人类无与伦比的自豪感，他们感受到知识在手中变成了巨大的力量，可以让人掌握各种事实和现象。感到知识具有让人高大起来的力量——没有什么比这更能激发学生对知识的兴趣了。由此可见，掌握知识的过程并不会令学生感到筋疲力尽，不会令他们对一切事物感到厌倦和冷漠，而会使他们的整个生活充满欢乐，这是多么重要啊！当然，当学生直接研究某些东西并有了一些发现，掌握了一些具体的事实和现象时，会更容易感到自己成为知识的主宰者。还有纯粹的思维活动，也就是对课程材料进行系统总结的智力活动，也会激发愉悦感。

对于阅读量大的学生来说，课堂上所学的所有新概念、新现象都会存入他从书籍中建立起来的知识体系里,于是,课堂上所讲的科学知识就尤其具有吸引力:这些知识被认为是必需的,能够帮助理解头脑中已有的知识。

要赢得学生的思想和心灵

在一个由优秀数学家任教的学校里,数学会成为学生们最喜欢、最感兴趣的学科,许多学生非凡的数学才能会显露出来。如果一位富有才华的生物学家来到学校任教,你们会发现,两年后生物会成为学生们最热爱的学科,学校里会涌现出十几个有天赋的少年生物学家,他们热爱植物,醉心于在校园里进行观察和研究。

在有些学校里,智力生活朝气蓬勃,各门课程的讲授成了各科教师努力赢得学生的思想和心灵所进行的良性竞赛。这种竞赛是教师集体从事创造性劳动的完整体现,表现为每个教师都试图唤醒学生对本学科的兴趣,确立本学科对学生的吸引力。试想一下,一个刚进入四年级的学生,他所接触的所有教师都非常有才华,或者至少是醉心于自己所教授的学科,都善于点燃对自己这门最有趣的学科的热爱之火,在这种情况下,每个孩子的自然天性一定会显露出来,从而形成爱好、能力、志向和天赋。

在这里，我们进入了教学过程中最有趣的领域，在许多学校的实际工作中，这一领域仍然是未经开发的原始地带。我坚信，教学的教育意义，形象地来说，首先在于，每个学生都能在科学基础知识的和谐乐队中，找到自己喜爱的乐器和旋律。缺乏对具体学科、科学知识的具体领域的热爱，就谈不上拥有智力充实、精神富足的个人生活。

教师们要将一件事视为自己的荣耀，那就是让学生认为你们教的课程最有趣，从而使更多的学生像渴望幸福一样渴望在你们所教授基础知识的科学领域里有所创造。你们要赢得学生的思想和心灵，要同其他学科的教师展开比赛。例如，你给两百名八至十年级的学生上物理课，他们都是你的学生。但是你的脑海中应当还要有关于"我的学生"的另一种概念。你应当有十个或者更多的学生（也可能少些，五六个学生，有时候就是会这样，没什么好指责的）永远将自己的心灵献给物理研究，坚定地将自己的生活与技术、科技思想方面的劳动联系在一起。此外，你还必须有一二十个学生对物理产生兴趣，正如俗话所说的，他们还是"刚破壳的小鸡"，他们中的一些人将来会爱上你所教授的这门课程，另一些人会在其他知识领域找到自己的"金矿"。因为，在生活理想的发展上，没有什么比志向的形成更复杂了。教两百名学生，向他们传授物理课程的基础知识并让他们牢牢掌握住，这只是你工作的一个方面。请不要忘记，你还需要认真对待教学创造活动的另一个方面，那就是关心那些对物理这门学科感兴趣的青少年，关心他们会形成的将来从事物理领域工作的志向，比如未来从事技术、机器制造、机械制造、科技创造等工作。因为课堂上所能学到的，仅是这门学科的初步知识。在你们的学校中还应该有独特的校中校——少年物理学家之校。

这一切到底该怎么去做？这里最重要的是什么？从何开始呢？

当然，你们的学校里都会有物理教研室。而你们，也自然每天都会在其间工作一两个小时，或研究教材，或"粗略地"尝试一些要做的实验，或仔细思考仪器设备的图样或模型。那么我告诉你们，如果现在是我坐在你们教研室的座位上，我会做些什么。我将邀请瓦尼亚、科里亚、根卡、斯拉夫卡、彼得、萨沙这些对物理感兴趣的少年到教研室来。有些八年级甚至七年级的学生也会被邀请来到教研室，他们还没完全爱上我所教授的这门课程，但是我发现，当我谈到反粒子和光子火箭时，他们的眼睛闪闪发光，想伸手去拿一本有趣的关于核物理的书。在我的物理教研室中有一个角落,我称之为"思想角"。这里的墙壁上挂有著名雕刻家罗丹的《思想者》的版画,柜子上有少量藏书,都是关于最新科技问题的图书和小册子。这些书籍正是引导学生走出教学大纲、走向未知远方的星星之火。此外,还有另一个角落,我称之为"困难事物角"。比如,这里有几幅基于复杂且不寻常的设计思想创造的模型图纸,要想用金属和塑料按照这些图纸做成模型,需要克服巨大的脑力上的困难。在这种情况下,思想懒惰是不允许的。充分发挥智力的能动性、大胆尝试,是成为"困难事物角"里的创造者,而不是目瞪口呆的旁观者的重要条件。在我的物理教研室中还有一个小型的教学创造实验室,一个专门为上课做准备的备课角落,在这里,我一般会摆弄我的新教具。与我一同工作的还有我的实验室助手——帮助我备课的高年级学生。

可以说,我向那些热爱物理或者尚未完全热爱,但闪烁着热情目光的学生敞开了以上所有角落的大门。

在众多角落中,我特别重视"梦想角"。在这里,大量科学知识的篝火点亮了志向之光。在这里,少年们会相信,思考是一项艰苦的工作,这项工作并不轻松,而且尤为复杂,有时令人精疲力竭,但有时又令人感受到无与伦比的快乐——这是认知的愉悦感，是一种意识到自己在主宰知识的智力自豪感。少年们准备投身于科学事业的热望正是从"思想角"开始的。这里有为刚刚进入科学知识的海洋、正准备起航的学生准备的书籍，也有适合已经坚定选择科学技术行业、在实验室工作或在工业企业的复杂机床中工作的毕业生阅读的书籍。我十分注意引导这样一些学生一定要来到"思想角"——他们头发蓬乱，在我讲课时目光中闪烁着好奇的光芒，总有一大堆"为什么"。当我知道了他们心中向往什么时，我会在书架上为他们中的每个人都摆放一些相关的小书。

对于许多天才儿童和青少年来说，只有亲手接触到创造性劳动时，他们才会对知识产生兴趣。如果我看到一个孩子正在触摸机器模型、仪器和各种设备，我就一定会带他去"困难事物角"。

有些学生在很长一段时间里对任何东西都没有表现出太大兴趣。在学校里，如果教师之间不展开赢得学生的思想和心灵的竞赛，那么大部分学生对任何事情永远都不会感兴趣。在学校里，对学习和知识态度冷漠、对什么都不感兴趣的青少年越多，教师能传递求知兴趣火种的学生就越少。在学生对待知识的态度方面，最令人感到苦恼的就是冷漠。学生们在这门或者那门学科中学习落后、成绩不佳并不可怕,最可怕的正是对待知识的冷漠之心。

我们要唤醒对学习漠不关心的学生的意识。一个人不可能对任何事物都不感兴趣。克服冷漠意识的最有效途径就是思维。只有思维才能唤醒思想。针对不关心知识和脑力劳动的学生,每位教师应该尝试使用自己所有的智力手段。这里我们谈论的不是竞争,而是如何将学生从智力懒惰中拯救出来。在我们的教师集体中有这样一条规则:要在心理学委员会会议上讨论对知识抱有冷漠态度的学生的问题。我们认为,要设法找到一个人与自然、人与知识相互作用、影响的领域。在这里,可以通过认知唤醒人的意识,最重要的是,人最终会发现自己是知识的主宰者,感受到自己掌握着真理和规则。通过认知唤醒人的崇高精神,这意味着思想与人类尊严感融为一体。达到这种精神状态的有效途径,就是使知识发挥积极作用。我们发现,让学生展示自己的知识、在智力活动中表现自己,是唤醒他们的意识,将他们从智力懒惰中拯救出来的重要方式。

我教过几年五至七年级的数学。我在班上成立了两个数学小组,一个专门针对最有才能和天赋的学生,另一个则是为对知识漠不关心的学生而建。关于如何唤醒这类对学习漠不关心的学生的意识，叙述起来会是一个如何赢得他们思想和心灵的十分有趣的故事。我努力使学生在数学小组里获得的知识能影响集体中人与人之间的关系，也就是树立个人的尊严感。一个人在没有感受到自己是一个有思想的人之前，是不可能真正为生而为人感到骄傲的。如何实现思想与充满人类自豪感的公民意识相融合，这需要专门写一条建议来谈。

有经验的教师会努力使学生在感兴趣的学科上所掌握的知识比教学大纲要求的多十几、二十倍。在最喜爱的学科上感受到拥有掌握知识的能力，是促进基本智力发展的最强动力之一。如果学生有最喜爱的科目，请不要为他在其他科目上没有得 5 分而担忧；反倒是，一个成绩优异的学生却没有一门喜爱的科目，更应该引起担心。多年的教学经验使我确信，这样的学生非但没有个性，更不懂得脑力劳动带来的快乐。

如何使思想和公民尊严感融为一体

这也是我们教学工作中非常微妙的问题之一。如何使学生对自己的良好表现感到自豪？使学生在取得的成绩和知识中感受到公民尊严感？

我无比坚信，达到这一目标的途径在于使知识和智力成为个性的自我表现。应当从低年级阶段就开始朝这个方向开展教育工作。在教育低年级学生时，我总试图基于这样一条原则：每个学生都应该为集体的智力生活作出贡献。仅仅让学生知道如何学习知识、如何回答问题，是无论如何也不会达到上述目的的。从一年级开始，我们就这样做：创建一个名为"晨曦"的集体创作簿。我和学生们养成了一个习惯，就是在春天和夏天早早起床，走到池塘边或花园里迎接日出。我会给每个孩子分配创作簿中的一页（如果愿意，也可以两至三页），让他们画下大自然中自己所喜爱的景物，然后写下一个短语或几个字词。"但这些词要像歌曲一样优美。"我对孩子们说。自然，每个孩子都想画出、写出美好的东西。一幅美丽的画、一些优美的词，就是他们所看到的荣誉。我至今还保存着这本创作簿。二年级时，我带领孩子们在冬季的黄昏编写故事和童话。孩子们不是讲述自己生活中曾经发生过的事情，就是讲述他曾经梦想或思考过的事情。孩子们对这项创造性工作产生了巨大的兴趣：人人都感到自己善于思考、讲述，这是一种精神上的尊严感。

一年又一年，通过智力成果和精神财富的交换，孩子们之间的关系也越来越紧密。在三年级和四年级时，我开始组织举办"读书晚会"：孩子们向大家分享自己读过的书籍，大声朗读书籍、诗歌和艺术散文节选。这是一场智力和技巧的独特竞赛。

从五年级开始，我的学生们就成了一、二年级学生及学前儿童的积极的智力培养者。十二个五年级的学生成为一些诗歌创作小组的领导者，每个小组都有五到七个小孩子，五年级学生教他们写关于大自然的小短文，给他们朗读自己的作文和诗歌。这也帮助高年级学生树立了自尊感。

在六至七年级，一些学生成为一至三年级的少年数学家小组的领导者。在这些小组里，孩子们解决考验"机灵"程度的测试题。在五至八年级整个学习期间，有些学生成为外语学习小组的领导者,带领一年级和二年级的学生读、说法语。

在七至十年级,每个学生都在科学技术晚会上作报告或者发言。我们这里的每一个学生,都把尽可能最好地准备报告或发言看作一件光荣的事情。

所有这些形式的工作,都旨在让学生感到知识和智力生活是他们的一种道德尊严。教师们应当这样教育孩子,使他们认识到不学无术、冷漠地对待书本是不道德的。

传播知识和参与社会活动

在农村,文化知识的获取主要来源于学校。我们认为,把知识的发展和加深的过程融入农村的社会生活,是一项十分重要的教育活动。教育性教学的特质之一,是让学生参与到教育工作中来。我们在高年级任课的教师们常常鼓励学生参与这样的活动。一个农村有约两千户人家,共分成一百八十个文化基地,文化基地的中心是一位集体农庄成员家的农舍。村民和工人们经常在这里聚会。我们让几个高年级的学生来这里开展纪念列宁报告会、自然科学会、文学晚会。

学生们不只是简单地教人们知识,而更像在向长辈汇报工作。他们不只讲述着自己的知识,还进行说服教育,与反科学观点作斗争。在讲述中遇到迷信和无知的观点时,他们不是直接否定说:"不,不是这样的。"我们要求学生们有理有据地说服,用科学知识去消除反科学观点和迷信思想,不能对违背真理的一切偏见抱有调和态度。要知道,迷信和反科学在有些人的意识中已根深蒂固,所以,要消除它们,就要有大量的科学知识储备,要信念坚定。通常,学生们是可以完成他们的教育任务的,而在任务中遇到的挫折,反而增强了他们学习科学知识的决心,激励他们学习更多的科学知识。

学生在教授别人的同时,自己也学到了很多知识,发现了很多问题。他们都尽力弄清楚自己所遇到的问题,寻找隐藏的因果关系。对运用和发展知识来说,在社会教育工作中应用知识是最积极的方式。年轻人在发现、保护与捍卫真知的同时,对真理也就更加肯定,并要求自己进一步扩充知识储备、加深对知识的理解。如何让年轻人酷爱学习呢?如果知识只是停滞在学生的脑海中,成为"独有的宝物",而不被附加任何道德价值,不令他们觉得快乐、光荣和有尊严,那么这个目标永远都无法达到。

如何按季节安排学生学习

这是关系到学生身心健康综合发展的主要问题之一。一年共有四个季节，而每一个季节人的身体机能都不尽相同。例如：我们都知道，人体免疫力在春天减弱，到秋天增强。这个规律对学校来说至关重要，因为我们教育的对象是一个个正在发育的身体，是逐渐成熟的大脑，而环境对人类大脑的影响很大。我们在安排春天的学习与脑力劳动时要全然不同于秋天，对于低年级的孩子来说，尤其如此。

关于低年级学生全年的脑力劳动安排，我给出的建议如下：大约到第三学季期中（二月末）[1]，学完语法和算术方面的主要理论概念；在春季到来的第四学季，脑力劳动

---

[1] 苏联全日制普通教育学校一学年分为四个学季：第一学季自9月1日至11月4日；第二学季自11月10日至12月29日；第三学季自1月11日至3月23日；第四学季自4月1日至学年结束。假期为：秋假11月5日至9日；寒假12月30日至次年1月10日；春假3月24日至31日；暑假自6月30日至8月31日。

的范围应当主要涵盖那些能发展、加深和整理先前已习得的知识的内容。此外，在春季应加强培养孩子们在下一学年学习所必需的能力；春季是专门用来进行最费力环节，也就是观察环节的时节；春季还应为下一学年两个学季要学习的理论知识积累实例。前面谈及的知识与能力比例失衡的问题，正是由于春季时如秋季一样给学生灌输复杂的理论概念所导致的。

中高年级亦如此，应在春季尽最大可能减轻脑力劳动。不合理的安排会导致体内维生素的存储耗尽，也正因此，春季时人的视力最容易减弱，并发生眼病，而视力在脑力劳动过程中有着至关重要的作用。大多数学校会把阅读大量文学作品、复习多页历史课本的任务放在第四学季，这样的安排是不合理的，尤其不可以采取机械的复习方式，这会使复习变成初学。在春季应给学生带来教学法的更新。第四学季的备课内容应做到，将已有的知识引入积极的工作和活动里，变成教学法的主导思维。不应让学生按教师的问题概括各部分教材内容时不断地翻阅书本，而应通过综述型讲解来概括教学大纲所涵盖的问题，促使知识的积极运用。高年级的学生疲劳程度相对较高，教师应善于合理承担一些工作，以减轻他们的复习压力。

我通常给八至九年级的学生布置如下暑期作业：阅读下一学年将要学习的文学作品。这很大程度上减轻了他们的脑力劳动，没有了过重的作业压力，第四学季开始时学生也不会过于紧张。

你们或许要问我，到底怎样才能真正减轻第四学季的脑力劳动？因为很多学生在大量作业的压力下已经痛苦不堪。如果前三个学季的脑力劳动安排得相对紧张，那会出现什么结果呢？

是的，这正是我们教学任务中最棘手的问题之一。但恕我直言，普通中小学的教学大纲不存在负担过重这一说法。亲爱的同行们，负担过重来源于我们实际工作时的教学方法。如果教师们的教学工作安排得合理，如果孩子们的潜力在儿童和青少年时期被充分开发出来，那么，孩子们在普通中小学里就能够学好不仅一门、而是两门外语，并在小学阶段就可达到熟练掌握的程度。

为了在实际学习中不至于负担过重，到底该怎么做呢？回答这个问题，就像回答诸如"怎样让学校的毕业生里没有一个学习不好、教育不良、教养欠佳的人"这类问题一样，很难回答。避免负担过重意味着：第一，从儿童三至五岁起，就要关注他是否有着较高的智力，以便在家就获得智力的发展，所以首先要提高父母的教育能力；第二，不能使能力与知识的比例失衡，要真正保证学生在学习过程中掌握学习能力并学好知识，因为学习能力和知识是进行高效脑力劳动的重要手段；第三，应在学习实践中坚持贯彻教育心理学，没有一个学生是抽象的，要想把知识教得深刻，就要观察每一个儿童的脑力劳动；第四，要关心知识发展的流动性，不能使知识停滞在脑子里成为负担；第五，不应使学习变成不间断的补课，不应不停地追赶未完成的"尾巴"。总之，避免学生负担过重，就要完全做到以上这些。除此之外，还有两个条件，和许多已经提及的问题一样，与学校的整体工作关系密切。关于这两个防止负担过重的条件，我想作为正式的建议专门来说。

关于学生的精神生活

这个问题关乎学校的整体工作。如果教师终日想着如何强迫学生没完没了地读教科书，如何把他们所有的注意力从其他活动上转移过来，那么学生必然会感到负担过重。除了课堂、书本、家庭作业、分数之外什么都无法考虑的学生，其处境是可怕的。不要让你的学生变成书呆子。除去正常的学习、报告和兴趣，学生也应有精彩纷呈的精神生活。这里所指的是学生的课外阅读，特别是处在少年时期的学生的课外阅读。

如果你被任命为五年级的班主任，或者去当一名教导员，此时你的主要任务之一是帮助学生形成良好的课外阅读习惯，培养学生的精神需求。你要为你的学生制作一份中学时期的阅读书籍清单，并尽最大可能让你的班级图书馆里有这些书。

很难想象，如果青少年没有喜欢的书和作家，他们该如何实现全面发展。我在培养自己的学生并引导他们形成个性时，常会确保他们在小学阶段就有属于自己的小图书馆。到了中高年级，他们的书籍就能积攒得很多了，大概会有一百到一百五十多册。正如一名器乐演奏家不弹奏乐器就无法生活一样，喜爱思考的人若不能反复读他喜欢的书籍，生活亦无法继续。

为每个学生打开一扇通往书籍世界的大门，引导他们爱上阅读，让书籍成为他们精神生活中的向导——这一切都取决于教师，取决于书籍在教师本人精神生活中的地位。如要让课外阅读成为学生精神生活的一部分，就必须让学生真切感受到教师的知识储备也在不断丰富，教师要确信今天没有重复昨天已讲述过的东西。

如果教师的精神生活停滞、匮乏，出现了可以说是对思想不尊重的态度，那么这一切都会非常清晰地反映在其教学活动中。我认识一位教师，他已开始厌烦一切了，他常说他不愿意持续重复同样的事情。学生在他的言语中常感到他的思想处于停滞、僵化的状态，于是他们用不尊重教师来回应教师对思想的不尊重。而最让人感到可怕的是，学生也跟着教师一起排斥思考。

不能让个人的精神生活与世隔绝。一个人若能使集体的精神生活丰富起来，那么自身也会享受着集体的精神回报。因此，我们要尽最大努力使自己学校中各种类型的集体活动丰富起来，以此促进学校精神生活的繁荣发展。首先，组建各科科学小组，比如：数学科学小组、技术科学小组、化学科学小组、生物科学小组、文学科学小组、哲学小组等。或许科学这个词有点儿夸张，但这个词仍反映出一个真实的情况，那就是学生们走上了科学思维的道路。无论如何，都不能把这些科学小组看作每个科目的附加品或是防止学生成绩落后的手段。这些科学小组是精神生活的中心，它们中充盈着对知识的无限渴望。学生在各个科学小组学习时，必是在讲述着他们正在阅读的内容（作报告、汇报），但这其实存在一个使思维具有真正创造性的特点：他们珍惜自己给同学所讲述的道理和规律，把所得来的道理和规律看作通过个人努力得到的财富，而且关于劳动和创造、关于未来的想法，也都与这些财富连接在一起。

参加科学小组和科学晚会的也有学习困难的学生，站在他们的角度来看，负担过重是可怕且危险的。但浓厚的知识兴趣氛围会促使他们去努力阅读，而阅读是使他们学习变好的重要方法。

为避免负担过重,自由活动很有必要

学生不要把所有时间放在学习上,而要把大量时间用于自由活动,才能学习进步——这句话听起来很矛盾,但这并非矛盾,而是教学过程的逻辑。如果学生把全部时间都放在学习上,没有时间去思考学习以外的事,就更会造成负担过重、学习退步。

自由活动的时间安排问题,不光在学校教学方面非常重要,在学生们的智力培养和全面发展方面也同样重要。自由活动时间之于学生,就好比氧气之于人的健康:自由活动的时间是必要的,它可以使学生学习得更好,不会常常感到自己有落后的危险(你们都知道,情况往往是,学生如果病几天,就已经落后班级进度一大截了)。自由活动的时间是保证学生精神生活丰富的首要条件,不仅可使他们的生活中有学习,而且能使他们的学习效率更高。

学生的自由时间来源于课堂教学,充满智慧并善于思考的教师懂得如何创造这样的时间。教师能够创造自由活动的时间则首先得益于学生的帮助，具体来说就是，它很大程度上取决于学生掌握的知识正处在什么样的状态中——是积极的还是停滞的。除此之外，还有一个因素制约着这种时间的创造，那就是作息制度。

首先，根据多年的教学经验，我想告诉你们，在脑力劳动制度中什么事是不可以做的。让学生在课后立刻阅读或者做作业几个小时，让高年级的学生紧张地在下午进行和上课强度相同的脑力劳动三四个小时，甚至五六个小时——这些都要坚决杜绝。为了回答教师提出的问题而每天不断阅读书本、听讲、思考、记忆、回想、复习十多个小时，已是一种难以完成的劳动。说到底，这种做法会伤害学生的身体和智力，使他们对知识态度冷漠，使一个人只会学习而没有任何文化生活。

经验告诉我们，在安排脑力劳动时，可以将下午安排为远离教科书和作业的自由活动时间。学生可以用这段时间来阅读课外书、参加科学小组、在室外活动、观察自然和工人的劳动。

换句话说，在下午应该进行体现知识发展和转化的智力活动。请注意，自由活动并不是无所事事，而是促进知识的发展。教师应努力确保学生在下午进行促进其智力和学习充分发展所必需的活动，而教师能做到这一点则取决于整个教育过程的文化水平。此外，尤其重要的是，在下午可以进行阅读，这种阅读是出于兴趣、出于对知识的渴望，而不是单纯为了学习背诵课文。

我敬爱的同行们，你们肯定想问我：学生该在什么时候做作业？

合理安排睡眠，在早晨上课以前做作业，是我们学校大部分学生都遵循的准则。我们经常向家长们解释经科学证明的早睡早起的必要性，以及醒来之后的八到十小时内从事高强度脑力劳动的益处。新一代的父母们在逐渐成熟，我们在家长学校向他们教授科学的教育方法，其中首先就要教他们有关孩子脑力劳动的文化与健康知识。我们已做到了90%的学生遵循以下作息规则：低年级的学生晚九点入睡、早六点起床（睡眠时间为九个小时），中高年级的学生晚十点入睡、早五点半起床（睡眠时间为七小时三十分钟）。这条简短的建议不能完全解释这种规则的合理性，但可以说，晚上十二点前入睡的时间越长，睡眠就越能高效缓解疲劳，就越容易醒来，投入脑力劳动的速度也就越快。学生醒后至上学前有两个多小时可用于准备功课，这是这种作息规则的核心，但也仅是整个教育体系中的一小部分。多年的教学经验使我们学校的全体教师坚信，高年级的学生每天做作业的时间根本不需要花两个小时以上（中低年级的学生甚至花的时间更少）。不过这一切有一个大前提，那就是学习一定是在精彩纷呈的精神生活世界中进行的，在脑力劳动的海洋里，知识不断得到扩充和提升，而基础技能就好比知识学习过程中的工具，拥有了这个工具，每个学生的精力、天赋、能力都能在他喜欢的课程里得到最充分的发挥——所有这些都有着密不可分的联系。如果缺少这个大前提，我的这条建议就不能真正被采用。如果不能保证这个大前提，只想着强迫学生早起去做作业，则毫无意义。（学校里的很多事例使我深信，再有价值的经验，如果"照搬"进了不适宜的环境里，也不可能产生任何好的效果。例如，在学生还没有掌握阅读这项基本能力的情况下，教师就直接教他们写作文，将毫无效果。）

学生做完作业去学校，路上的这段时间就是在休息，之后紧张的脑力劳动正式开始——上课。我们应尽最大努力做到，在对脑力要求度高的各门课程开始之前，用多种类型的活动（如体育、美术、音乐、劳动等）给予学生一小时或两小时的休息时间。

早晨两个多小时的脑力劳动比课后花四五个小时的时

间读教科书和做作业的效率高得多。但我们不能只在乎效率，更要关心学生的身心健康。要在一天中合理安排从事高强度脑力活动的时间，从而实现脑力劳动和休息之间的平衡。下午自由活动的时间里为学生安排的脑力劳动，应以他们的兴趣特点为主。关于这些特点是什么以及我们如何做到照顾学生的兴趣特点，在下一条建议里将会谈到。

引导孩子充分用好自由活动的时间

孩子的时间概念与成人全然不同，我们要一直铭记这一点，不了解孩子的这一特点，永远都不能真正懂得孩子的内心。在森林里度过的一个夏日，对孩子而言就像一整年，而为期一个月的夏令营，对孩子来说就是永恒。不要用僵化的计划安排来束缚孩子们，应放他们去尽情观察。或许你需要给出一个小时的时间让孩子们去做他们喜欢的事。这是孩子的天性，不给他们这样的机会，他们就永远不会独立思考和认识世界。

你们要了解，伴随孩子们成长的是那些让他们内心和思想痴迷的新鲜、未知的东西，他们探索这些时，全然不觉时间在飞逝。这并不奇怪，孩子们沉浸在成长的幸福里，他们经常会不记得，甚至会完全把做作业这件事抛在脑后……当你问他们作业的完成情况时，他们会直接回答道："我忘记了。"说到这件事时，他们丝毫不会觉得这是过错，而是让他们也匪夷所思的事，我亲爱的同行们，对此你们不用惊愕。当出现下面的情况，你们也没必要大惊小怪：孩子在课上出神地观察着墙壁上闪烁的树影，完全听不进去你们说的每一句话。没错，他不会听，也的确听不进去。这是由于他正沉浸在童年的溪流中，他的时间概念与你们一点儿都不一样。请你们不要呵斥他，不要当着全班同学的面指责他不听你们讲课、不学习知识，这没有任何必要。你们应慢慢走向他，拉着他的小手，让他的思绪从独自航行的小船上跨越到全班集体遨游的快艇上。更值得我们注意的是，教师不应觉得融入孩子的幼稚世界、用儿童的眼光看世界是一件羞耻的事。如果你们已学会随时与孩子们打成一片，那么校园生活中因相互不理解而产生的摩擦会少之又少：教师不懂得孩子们在做什么，更不懂得他们为什么要做，那么孩子们更不会理解教师究竟想要他们做什么。

即使是一个成年人，我也常常会被一些新鲜有趣的事情所吸引，让我放下这些令我着实快乐的事情非常难，但此时我内心深处会萌生一种让我很是不安的思绪：没有人可以代替我工作。这种不安的思绪会促使我把控时间。但是孩子们没有这样的把控能力，他们随时都会因为沉浸其中而忘记时间。我们应教他们如何合理安排自由活动的时间。

你们可能会问我该怎么去教会他们把控时间。迫使他们想起这件事？责骂他们因沉浸其他事物而忘记学习？避免让他们和感兴趣的事物接触？

千万不要这样，不要毁掉孩子的天性。教会他们充分利用自由活动时间这件事的技巧在于，尽最大可能让他们感兴趣的事物同他们的智力、情感和全面发展相结合。也就是说，应该在孩子自由活动的时间里为他们安排满精彩绝伦的活动，尽我们最大的努力来拓展他们的思维，丰富他们的知识，提高他们的能力，但又不毁掉他们成长的幸福与童趣。给孩子们自由活动的时间并不是放任他们去做任何事，这可能会让他们变得懒惰、散漫。

我们可以不通过言语诠释（孩子们不明白诠释是什么），而通过组织大量活动，通过教师的正确示范和集体性劳动，让孩子们学会合理利用自由活动的时间。

引导学生发现兴趣的来源

你应该思考学生是在什么地方和怎么去利用（不是度过，是利用）他们自由活动的时间。学生应当正确利用这个时间。

在这里，我们依旧要谈论阅读。阅读是兴趣的重要来源之一。我们的学校应变成书的海洋。你工作的地点可能在我国较偏僻的地方，你任教的农村地区或许离文化中心非常远，你的学校里也许缺乏教学资源，但如果你的学校拥有大量书籍，那你的工作同样能达到与文化教育中心地区相同的水平，亦能获得很好的教学成果。你不用担心阅读会使学生分心，或者影响他们的学习。

在一到三年级的班级里，应设立图书角，摆放一些内容丰富又有趣的书，使每个学生在日常生活里都能以书为伴。我不建议一到三年级的学生去图书馆借书，因为在此阶段，只有教师最了解学生们最适合读什么样的书。

请铭记，只有触动思想、内心、灵魂的爱好，才会对一个人有益处。我想说的是，热爱阅读应成为学生的主要爱好之一。这样的爱好应伴随人的一生。无论你正在教授什么科目——历史或文学、物理或绘图、数学或生物，书籍都可以成为学生兴趣的主要来源，你应引导学生发现阅读书籍的趣味（只要你想成为他们的教师）。

书籍本身就是一所学校，你应引导学生在书的海洋里遨游。所以，我建议在低年级阶段建立班级图书角，然后逐渐教会孩子们利用学校的图书馆。同时不可任由他们去借阅，教师应当为他们介绍图书馆的藏书，并为他们借书提供合理化建议。同时，应当给图书管理员开列阅读推荐清单（当然，所列出的书单应当包括图书馆的现有藏书）。

应带领学生发现的第二个兴趣来源，就是他们喜欢的课程。学生在求学时期都有一笔属于他们的财富，那就是他们的自由活动时间，只有拥有这笔财富，他们才能对课程产生浓厚的兴趣和爱，并由此积极地思考。教师们应该考虑，怎样在下午自由活动的时候让学生们积极起来，去研究他们喜欢的各门学科。除了上文提到的科学小组，还应为他们安排另外一种课外活动，这种课外活动是在理论的基础上完成脑力任务与劳动任务。在我所任教的学校，这种脑力课外活动出自两个地点——物理技术实验室和生物农艺实验室。两间实验室的所有工作都基于课外活动。我们安排了高年级的学生管理这两间实验室，并对全体学生开放。学生在这里不断解决在物理课与生物课里遇到的问题。例如：学生被要求设计一个设备的模型，这种设备的每个零件都能用另一个替换，设备还可在劳动中使用；生物学的实验一般为，尽可能用两年以内的时间来改造一片荒地，使之成为可以种植作物的土地，并在这片土地上培育有益的微生物。

　　学生们如何利用好属于他们的自由活动时间，会影响到很多方面。我们应引导学生去发现自己的爱好。

引导学生热爱劳动

几十年的教学经验让我坚信，劳动对学生智力的发展起着至关重要的作用。孩子的智慧在他们的指尖上。

这一观点是我通过教学时的观察得到的。我发现，动手能力强、喜欢劳动的孩子，有着清醒的、爱钻研的大脑。我们谈论的劳动不泛指所有的劳动，而是指那些饱含活跃思维与技巧的，复杂的、极富创造性的劳动。我们逐渐发现，双手与大脑紧密相连。学生掌握的劳动技巧越高超，就越聪颖，他们思考问题、研究因果关系、观察现象、分析客观规律的能力就体现得越明显。

我努力去发掘双手与大脑紧密联系的科学理论依据，大量阅读关于这方面知识的理论著作，也着手研究了在教学过程中出现的各种情况。借助多种对动手能力和技巧要求较高的复杂工作与劳动，我尝试着去帮助在学习上有困难的学生开发智力。这样的劳动特点明显，劳动过程中各步骤之间有着缜密的联系，在思考时要非常专注。在行动中，双手与大脑配合工作：大脑支配、纠正劳动的过程，双手把劳动的具体信息反馈给大脑。

劳动使人的智力得以发展，赋予学生良好的逻辑思维能力，使学生发现各种无法通过直接观察得到的现象与事实之间的逻辑关系。

引导逻辑思维能力较差的学生参与那些对动手能力要求较高的劳动，密切观察他们的活动，我清晰地发现了思维的形成过程。这让我懂得，如果一个学生在学习上困难重重，那困难的主要来源就是他看不出事物之间的关系，换句话说，就是不擅长摆脱"现象"去思考。而在劳动的过程中，这些关系呈现得十分明显，学生能快速发现。

多年的教学经验让我坚信，以下这些劳动能高效开发学生的智力：

◎推荐学生去设计并安装仪器、机械、设备的模型。在我任教的学校里，所有学习较为困难的学生都被安排去学校附属的实习工厂参与设计精密仪器、机械、设备、机器的模型。在这里，学生可以真切地看到事物之间的相互联系与关系，这会成为他们灵感的来源与动力。在过去短短的两年时间里，一个由学生组成的设计小组就设计出了一台用于加工木材的万能机床。这个设计小组由十五名学生组成，其中三名学生存在学习困难的问题。这样的劳动激活了学生的灵感和智力，并体现出一个非常重要的特征，即让学生不停地思考。学生们的脑海里似乎总会萌生出各式各样的机床模型，他们的设计是否科学合理，需要组员们进行检验：他们不停地研究各个零部件在不同的设计模型中会发生怎样的关系，在不同的条件下又会发生什么。为了弄明白这些问题，学生们绞尽脑汁地反复推敲，不断进行着对比与分析。

让学生理解因果关系、从属关系、时间关系的最有效方法，就是让他们理解劳动过程中的相互作用，在我看来，这个方法不仅是最有效的，更是唯一的。让学生理解劳动过程中的相互作用的意义在于，其大脑是处于活动与探索之中的，而在思索的目光面前，概括性结论的概念显而易见。思维诞生于这个从实践到概括的跨越过程，而那些在学习上存在困难的学生恰好缺少这样的跨越。

◎为学生推荐那些可以体现出动能的转化与传递过程的活动。这种活动是指参与安装设计一些仪器、机器、设备、模型、装置等。这些事物能够展现出电能可转化为动能或热能，直线运动可转变为曲线运动等。在这个过程中，知识从抽象的理论一下子转变为生动又具体的实物，也就是我们所说的表面现象、外在形象、真实情景。如何将抽象的理论具体化？研究这个论题，学生的思维灵感会瞬间爆发，促使他们从学到的理论知识里寻找实质性的解决方法。我们之所以选择这种可体现转化与传递过程的活动，是为了培养学生的观察与研究能力（学习困难的学生普遍欠缺这方面的能力），因为要达到这样的活动目标，需认真观察每一个零部件在整个机器系统中的作用，从理论转化为实践，再从实践上升到理论，把普遍的概念从一种实践转用到另一种实践。这一切充分体现在学生的动手能力和技巧上。我们尽最大的努力使课外活动的劳动对象是不断变化的、运动的事物，使学生的思考与动手相互统一。我们推荐学生做大量的实验，让他们的双手多做一些灵巧、敏捷的动作。这也是我们培养学生智力所遵循的规则之一。

◎推荐学生在劳动活动中使用工具和机械对原材料进行加工。我们竭力让学生使用的工具与双手融合为一体，把他们的工具变为双手的一部分。如果你想让学生思维敏捷、充满创造性，就必须教他们学会进行那些需要大脑与双手精妙配合的劳动，这种劳动能充分体现出大脑与双手的实质性结合。当学生使用工具或机械加工原材料时，一种微妙的现象就会发生：双手不间断地传送信号给大脑，大脑又把信号反馈给双手，大脑对双手进行指导，双手又间接促进着大脑的发展。学生的思考能力不光转化为实践，还在逐渐地发展、变化、加深，这时候学生的思维是不可以中断的。用这种借助工具与简单机械对原材料进行加工的方法，来解决学生学习困难的问题是卓有成效的，因为大多数情况下，学生不会思考、审视长时间的劳动过程。

◎学生在进行农业科学实验（农作物栽培与畜牧养殖）时，应让学生为其生长创造有利环境，并学会控制这样的环境。这种活动是将具体的想法转变为理论，再从理论转化为实践的有效方法。从教学的角度出发，这种劳动的意义在于，可使学生从思维上体会事物在各种条件的影响下，随着时间流逝而不停变化的过程。与此同时，学生应尝试去影响、改变这些条件。

在我看来，农业劳动是一种最富智慧的劳动活动。在我所任教的学校里，在农作物栽培、作物育种、生物化学、农业技术等小组里，都有学习"最困难"的学生，他们在学习过程中都遇到了看似不能解决的难题，但充满智慧的农业劳动可以引导他们的思维活动。

有一个实验小组，会让学习困难的孩子参加创造性劳动，这样做已经超过十五年了，他们有两个任务：改变环境条件以影响种子的发芽率和植物幼苗的存活率；改善土壤等外部条件以影响作物的结果率。

为使双手促进智力的发展，还必须做到常读书：书籍不只能让学生的头脑灵活，还可以让双手更加灵巧。

如何让学生专注

我曾带着二十七个孩子去野外观察,目的是让他们真切了解植物是如何播种的。我们要观察的植物生长在草地的尽头。如果我想让全部孩子都留在要观察的植物旁边,我就必须牢牢吸引住他们的注意力。这种吸引就好比一根无形的"绳子",把孩子们"拴"在我身边。在这些植物中,或紧挨植物的周边,还有着几十余种各式各样、妙趣横生的事物。在这期间,只要有一个孩子开了小差去看别的东西,那我就再也无法吸引住他的注意力,我计划给他讲的、让他看的,他绝不会再听、再看。比如,当他们面前忽然飞过一只色彩斑斓的蝴蝶,瓦尼亚、科里亚、妮娜和娜塔罗奇卡这四个孩子那好奇的眼神就紧紧地盯住了这只蝴蝶,就这样,四条拴住注意力的"绳子"断了;一只小青蛙从脚边跳过,结果又有几条"绳子"被扯断了……

上述情况在课堂上也屡见不鲜。如何把这帮充满好奇心、随时准备去追捕蝴蝶的孩子们的注意力都牢牢抓住呢?

我们在讲述一些索然无味的事物时，他们的脑海里却是那些趣味盎然、动人心魄、精彩绝伦的东西，我们又该如何抓住他们的注意力呢？

学生的注意力管理，是教师工作领域里最细微且目前依旧研究得很不彻底的议题之一。想要抓住孩子的注意力，就要明晰孩子的内心活动和年龄特点。多年的教学经验使我坚信，要抓住孩子的注意力，仅有这么一个办法，就是要在孩子的内心形成一种状态并保持住，即保持孩子的情绪高涨和智力兴奋。这个状态来源于掌握真理时，孩子在思维上产生的自豪感。

在孩子的内心建立这种状态，需要使用智育的一整套方法。仅在课上用某些专门的方法或者用一些所谓恰当的直接手段，不可能让孩子持续保持情绪高涨。情绪高涨状态的形成，由多种要素决定，譬如学生的情感与思维修养、见识的广度等。

抓住学生的注意力，需要教师对学生的思想施以细微的影响。例如，我的学生要学习为期一年的生物学，在课程开始之初，充盈着一些看起来似乎没有趣味的知识，譬如蠕虫的身体组织结构和生理活动。在教授这些知识时，如果学生们的思维不能与之产生联系，那教师不管怎样做，都无法抓住他们的注意力。此时，学生的注意力是受他们所了解的常识制约的。如果教师能遵照这些常识来传授知识，学生一定会把味同嚼蜡的教科书内容看作妙趣横生的故事。例如在讲述蠕虫的知识时，学生所了解的常识是：益虫（譬如蚯蚓）对土壤的构成和植物的生长起有益作用；自然界各个生物之间存在着奇妙的和谐与平衡；一种现象与其他现象之间存有许多深奥的依赖关系。

当我引导学生形成理解虫类教材所需的情绪状态时，总会推荐他们看一些自然类和土壤类的趣味书籍。在我给他们讲述枯燥乏味的教材时，我的叙述是针对学生的思维的，好像我正在触碰他们的思想，因此我所讲述的内容让他们在心里萌生出了浓厚的兴趣。这样的兴趣首先是由他们内部的刺激和求知欲引发的，学生们阅读的书籍仿佛让他们的思维苏醒过来，并且不断更新，开始与我的思维保持平行。换句话说，他们不是在听我讲课，去接纳他们全然不知的新教科书，而是在自己的思维深处探索事物的现象与本质，并积极思考。

无意注意应与有意注意相互统一，这种和谐统一只会出现在学生边听边想的时候。而能让它实现的唯一办法就是，"燃起思维爆发的导火索"，换句话说，就是你所讲授的知识学生早已有所了解。学生在学习教科书上的知识时，思维活动越激烈，学习难度就越小。通过阅读培养注意力，是减轻脑力劳动的最有效办法之一。只要你在课上把学生的无意注意与有意注意充分结合起来，他们就丝毫不会感到疲劳。

如果教师没有做到让学生情绪高涨、智力兴奋，就迫切地讲授书本知识，那么，学生就会对这些知识产生冷漠态度，失去情感色彩的脑力劳动会给学生带来无尽的疲倦。哪怕是学习最用功的学生，即便他有意积极、努力地集中注意力来理解、牢记书本知识，他同样很快会"跃出常规"，完全失去理解因果关系的能力，并且越努力，就越难以把控自己的思维。那些眼里只有教科书的学生，对课上的知识掌握得总是很浅显，并把一切重担都推到做作业上。结果，他们有太多的作业要做，没有空暇去阅读科学著作和杂志，最后就形成了"恶性循环"。

我们都知道，直观教学能提高学科的趣味性、引起学生的注意力。但作为一种教学方式，直观教学法具有更加广泛的意义，如果仅把它当作引起学生注意力的方法，那么对教学，尤其是对智育都是有害的。

直观是认识的方法，是认识途中的指路之光

对思维施加影响是培养注意力的最佳手段。但只是在促进思维活动的时候，直观教学才有助于发展并加深注意力。直观的主要目的并不是让学生在整堂课中都保持固定不变的注意力。在课上使用直观教具的目的在于让学生在认知的过程中摆脱抽象，更加深刻地理解概念、发现事物的规律。不过，在实践教学的过程中也会发生意外——直观教具的某个细节常常会深深吸引住孩子的注意力，此时它不仅无法帮助孩子正确思考老师想要他们动脑思考的抽象理论，反而起了阻碍作用。例如，有一次，我给我的学生们在课上讲述水轮机的工作原理，并给他们带了模型。工作中的水轮机模型溅起了漂亮的水花，透过窗子照射进来的阳光穿过四周升腾的水雾，形成了色彩斑斓的小彩虹。我并没有发现彩虹，而我的学生们却看到了。于是，他们集中全部注意力去观察这个偶然出现的自然现象，而我讲述的理论知识他们却没有在意，直接导致这堂课的效果非

常不好。

教师使用直观教具，需要备课万无一失，对孩子的心理活动了解充分，明确孩子掌握知识的过程。

第一，请记住，低年级学生进行脑力劳动的一个普遍原则就是直观。康斯坦丁·乌申斯基[1]曾说过，孩子是用"形式、声音、色彩和感觉"来思考的。我们要遵循这一年龄段的规律，应在自然环境中培养孩子的思维，让他们目见耳闻、感同身受、深入思考。而直观就是培养注意力和思维的中坚力量，它能够使认知带有更多感情色彩。目见耳闻、感同身受、深入思考，会使孩子们的思维里形成心理学中称之为情感记忆的东西；记忆中的每个表象和概念不仅与思维有着千丝万缕的联系，还与情感和感受密不可分。如果想要使孩子的智力在童年时代能够得到充分发展，那就必须让他的脑海里有着丰富多样的情感记忆。我建议低年级的教师要教会孩子在思维最初产生的地方、在大自然里、在劳动活动中独立思考，要让进入孩子脑海中的言语富含感情色彩。直观性原则不仅要贯彻于课堂之中，还要贯彻在其他教学工作和学生的全部认知过程中。

第二，使用直观教学法应考虑以下问题：怎样做好从

---

[1] 19世纪俄国教育家，被称为"俄罗斯教育心理学的奠基人"。

具体实践到抽象思维的跨越；哪个授课阶段不再需要直观教具，使学生的注意力不会再集中在教具上。这是智育中至关重要的原则——仅在思维活跃到一定阶段，才需要使用直观教学法。

第三，应逐渐从直观的事物跨越到形象，再由形象上升至物体与现象的象征性表述。教师在学生一二年级时就应帮助他们渐渐脱离直观的事物，但这并不是说要完全取消直观教学法。富有教学经验的教师在各年级的教学中都会合理地采用直观教学法，且随着年级的升高，方法和技巧的复杂程度也逐年增加。在十年级的语文课上，教师仍会带领学生去森林、河边或花园体会文学语言的魅力，加深学生的情感记忆。

从直观事物到形象的跨越是一个漫长的过程。这种跨越不是要求教师拿一个画着小猫的图画来代替真实的猫。即便形象确切地描绘出了实物的外表、色彩等其他特征，但终究是一种概括。教师要做的是使形象的方法渐渐跨越到较为复杂的概括上。教会孩子理解形象的图形，譬如简单的素描，是非常重要的。这些简单的素描画对培养孩子的抽象思维有着重大意义。

谈及此处，我想就黑板的使用提出几点建议。

我们教室里的黑板不只可以写字，还可供教师在讲述知识的过程中，或在叙述概念的时候画图以辅助教学，比如一些素描、简单的图画和图形等。我在教授历史、生物、物理、地理和数学等课程时，几乎（约80%的历史课、90%的生物课和地理课，所有的物理课和数学课）都会使用黑板和彩色粉笔——画图可以使我清楚地表达抽象思维的发展过程。我把这种直观教学法当作可使概念与观点具体化的有效方法，也当作脱离表象进入到抽象世界的方法。

直观形象法也是实现自我智育的方法。我让二三年级的学生们都把数学演算本划分成左右两部分：左边用于解题，右边用于画图，学生在解题之前需画出此题的图解。学会图解可以使学生掌握思维从具体转到抽象的技巧。刚开始，孩子会画实物，譬如苹果、果篮、树木和鸟儿，然后会画简单的图形，用方形和圆形来表示这些实物。我特别关注学习成绩较差的学生是如何用画图解题的。假设不使用这样的方法，他们可能无法掌握解题的逻辑；而如果学生学会了画图解题，他最终肯定能解出习题的正确答案。有的学生可能几个月都学不会画图解题，换句话说，他们不光不具备合格的抽象思维，更不会用"形式、声音、色彩和感觉"去思考。面对这样的学生，我们应首先教会他们使用形象思维，然后再渐渐转向抽象思维。

如果你教的低年级学生数学成绩较差，那你可以尝试教会他们画图解题。应带领孩子从生动的表象过渡到抽象的图形，再从图形中领悟事物间的从属关系。

第四，从直观形象转变到言语辞藻。用言语描述形象，是由"形式、声音、色彩和感觉"去思考并过渡到概念的阶段。有经验的低年级教师，不光能用言语描绘出无法展示给学生看的实景（譬如北极的冰川、火山喷发等），还能描绘出自然界和日常劳动生活中可以见到的实物。这些用词语描述出的形象，对形成情感记忆、丰富内部言语具有不容忽视的作用。

在这里，我还要谈一下有关学习困难学生的问题。多年的教学经验告诉我，从形象思维过渡到概念思维的过程花费的时间和经历的阶段，决定了学生智力的发展程度。一些学习成绩差的学生无论怎样都无法改变现状，就连教师对他们也无从下手，不知道怎样才能激发他们的思维。造成这种状况的原因在于，他们的形象思维能力还没有经过长时间训练，教师就急于要求他们马上跨越到抽象思维，那么学生只会感到手足无措。学习困难的学生普遍不会举例说明一些较难记住的规则，这就是形象思维和概念思维脱节的体现,是教师揠苗助长造成的后果。

第五,直观教学法应做到让学生的注意力集中在最主要、最本质的事物上。

我再重复一遍:使用直观教学法需要超高的技巧,首先要做到明晰学生的内心和想法。

给新手教师的建议

我深刻记得,在任教之初的十年里,我感觉度日如年;后来,我渐渐感觉时间飞逝;现在我却觉得,似乎新学年伊始,就已经快结束了。我想和刚开始任教的教师们谈一些我个人领悟的道理:尽管我们青年时期的工作紧张无比,但在这段时光里,我们却在一点一滴地积累着个人的精神财富,那就是我们的教育智慧。请铭记,对从教的你来说,二十年的光阴转瞬即逝,那时,你也将步入知命之年,时间变得弥足珍贵,你可能会说:"早知如此,年少时就应该懂得珍惜时间,年老时就会轻松许多,要知道,我仍想再工作二十年呢。"

为使自己在中年时也无怨无悔,青年时期的我们应该做些什么、如何去做呢?

我们需要做的非常多,首要的是应一点一滴地丰富我们的教学经验和教育智慧。在漫长的人生道路上,你会遇到各种各样意想不到的人和事,年轻人的求知欲强,他们会把好奇的目光投向你，寻求问题的答案，比如：应该如何生活？幸福是什么？真理在哪儿？要回答这些问题，就应了解人类探寻真理、实现理想的辩证发展过程，用心体会人类为争取美好未来而奋斗的终极目标。

年轻的朋友们，我推荐你们每个月都买三类书籍，建立个人图书馆：第一类是关于你们正在教授的学科的基础知识类书籍；第二类是年少有为的英雄与杰出人物的个人传记；第三类是关于人特别是孩子的心灵的书籍（心理学类书籍）。

愿你们能接纳我的建议，拥有这三类书籍。你们的科学知识储备每年都应更加丰富。当你们从教十年时，应觉得教科书知识极其简单。只有这样，你们才可以被称作终生都在备课的好教师。只有你们学富五车，才可以在教学中游刃有余，从而把注意力放在观察学生的脑力劳动上以及感受学生的思维上，而不是费尽心思地考虑授课内容。这是教学技艺的顶点，你们应向这个目标努力。

你们要像发掘宝物一样去搜寻那些年少有为的英雄与杰出人物的个人传记，并把他们的传记放在书架最显眼的位置上。请你们铭记，你们不仅是学生的授课教师，也是他们的人生导师和道德的引路人。

你们要用心理学类书籍来丰富自己的藏书。教师应是学生心灵的塑造者。当我听到对人采取区别对待的说法时，我的脑海里总会萌生出另外一个概念——思考。从事教育的前提是拥有极富钻研精神的思想。不思考就不会有所发现，没有发现就没有教育工作的创造性。请铭记，心理现象的规律纵然很多，但每条规律都体现在千千万万的生命体之中。我相信，刚从师范学院毕业的教师只有在整个教育生涯里都在不断研究心理学，扩宽心理学方面的知识储备，才能成为教育事业中的佼佼者。

在整个教育生涯里，你们都应该是教育者，你们的教育工作都应该与美学和艺术密不可分。如果你们会演奏某些乐器，哪怕是有一定程度的音乐天赋，那你们作为教育者就有着与生俱来的优势，可以主宰自己的教学工作，因为音乐是人类心灵沟通的重要通道，可以使教师走进学生内心的最深处。如果你们不会演奏乐器，那你们的手上和心里就应存有另一个与心交流的重要工具——文学著作。你们应创建并丰富自己的文学书籍图书馆，每年按所教孩子的年龄段购买数十本适合他们的文学艺术类书籍，它们可以助你走进学生的内心。请铭记，学生在阅读文学艺术作品时，用的是他们求知的头脑和敏感的心灵，这常常能弥补教师力不能及的地方，就像给道德天平加上砝码，使它斜向你们所需要的方向。在购买书籍时，要牢记的最重要的一点就是：推荐给学生看的书籍里，应该有关于如何生活的内容。这些书籍中的主人公形象应使学生的内心受到激励，使他们坚信，人的力量是强大的。我在购买书籍时，总会尽力考虑哪些更适合我的学生。

请铭记，从事教育工作，要密切、仔细地关心孩子的内心。大量阅读和思考可以使你们掌握这个技巧，触碰孩子的心灵。你们读过的书，都可以成为你们教育工厂里面的新工具。

教师同样需要具备非常细腻的美感。你们应热爱美，创造、保护自然界中和学生内心的美。你们可知道，如果你们喜爱植树，那么去倾听亲手培育出的鲜花盛开的树上传来的蜂鸣声，并由此感受到快乐时，你们就会发现通往人内心深处的捷径，这就是在创造美的过程中，体会美带来的精神享受。

你们在任教的每一年里，都应不断丰富自己的教育工作实验室。教师必须为学生的个人练习准备大量的习题和例子，并不断收集整理这类资料，按照教学大纲的各部分配成套。我所熟知的一些富有教学经验的数学教师，在十五年的工作期间积累了独一无二的、成套的几何与代数练习题。用这种习题汇编对学生进行针对性指导是非常方便的。

给即将教一年级的教师的建议

假设你在小学任教,现在正在教三年级的学生。在不久的将来,你就要教一年级的学生了。他们的年龄在五岁半到六岁之间,已接受过家庭和幼儿园的教育。其中一些儿童在学前仅受过父母的教育。学生在一二年级这个阶段所受的教育,与其今后的发展有着密切的关系,你应对自己未来的学生们有深刻的了解。

那么,什么是了解孩子呢?

首先要了解他的健康状况。我在教孩子们的一年半以前就拿到了他们的名单。我会提前了解孩子们父母的身体情况,并推测他们是否有一些疾病会遗传给孩子。当然,推测的结果需要由医生来判断。如此我就初步掌握了我未来学生重要的健康状况,譬如神经系统、呼吸器官、心脏、消化系统、视力、听力等的状况。

不了解学生的健康状况就对他们进行教育是不正确的。三十年的教学经验让我坚信,不仅要根据每个儿童的身体健康状况采取不同的教育方法，还需实施保护措施以爱护他们的身体、增强他们的体质。经验告诉我，教育可促进人某些疾病的痊愈，使其摆脱童年时期产生的一些疾病。此外，针对那些心血管系统活动不正常的孩子，要采用特殊的教育方法和专门的医疗教育学措施来教育。

我们要明白，好的家庭关系有助于预防孩子患病，即使他们因为某些原因患病，也有助于治愈。家庭状况直接影响孩子的神经系统和心脏健康。那些在呵斥、责骂、鞭笞、怀疑和辱骂的氛围中长大的孩子，是非常难教育的。这些孩子的神经系统脆弱不堪，他们常常坐立不安，易感疲倦。对于那些患有神经症的孩子要特别照顾、多加关怀，要采用特殊的教育方法和专门的医学教育学措施来教育，避免有害刺激，以防他们的情绪从一种状态急剧地转向另一种状态。

我建议即将教一年级学生的教师，在孩子入学前一年半（如可能，两年更好）就召开家长会（请每位学生的父母双亲都务必出席），与家长们洽谈家庭关系的问题，因为良好的家庭关系有助于学生形成健康的神经系统，从而使他们拥有优良的道德品质和心理素质。

家庭的精神文化环境对孩子的成长发育有着至关重要

的意义。家人的智力兴趣、阅读的书籍、考虑的问题、对孩子思想的影响等,都对孩子的整体发展和记忆起着决定性作用。你应告诫学生家长:"孩子的心智发展取决于你们的精神兴趣,取决于书籍在你们的家庭生活中占什么样的地位。"

我坚信,必须至少要付出一年的时间来研究每一个孩子的思维,只有这样,才能为他们一年级的学习做好准备。

如何研究学前儿童的思维

著名生理学家伊万·巴甫洛夫认为，人类的思维类型一般分为两种：一种是理性思维（即擅长逻辑分析的数学思维），一种是感性思维（即形象思维）。这种分类对孩子的智力教育和孩子个人爱好的形成有着极其重要的影响。请你在九月晴朗的一天，把即将步入一年级的孩子们带到秋季的森林中去。此时你会发现，这两种思维类型在孩子们的身上体现得淋漓尽致。森林，尤其是初秋的森林，总会很有效地引起儿童的注意，在这里他们绝不会无动于衷：他们情绪高涨、啧啧称赞，这是对客观世界产生的逻辑认识与感性认识，也就是心智感知与心灵感知。碧空如洗、树木丛生、百草丰茂，眼前优美的风景深深吸引住了孩子们的注意力。但他们对大千世界的看法却不尽相同。只要仔细观察，你就能看出这两种思维类型的具体表现。大自然的和谐之美使一些孩子陶醉，他们的啧啧赞美，是把眼前的一切看作一个整体来认识的。他们的眼中有日出，有树木披上秋装的缤纷色彩,有奇幻莫测的森林。身在其中的孩子们仿佛把这一切看成由多种乐器演奏出来的美妙协奏曲,在这首乐曲中他们听不到个别的声音与细节。如果某个事物或现象吸引他们的注意力,他们就会认为这个物体或现象网罗了万物。例如,一个孩子看到一簇布满琥珀色果实和银色露珠的野蔷薇,那他的世界除了这簇野蔷薇便再无他物,对这个孩子来说,大自然的这一美好佳作就意味着整个世界。

这就是对周围世界进行形象认知或艺术认知最鲜明的特点。能进行形象认知或艺术认知的儿童往往会饶有兴致地讲述自己眼见的一切。他们讲述的景象里形象鲜明,画面、形象、色彩、声音和动作都是他们思维的工具。一般来说,他们对自然界的音乐和美都十分敏感。情感在他们的知觉世界里占据着重要的位置,他们更多用心灵而不是理智来认识事物。要知道,这种认知方式会对他们的脑力劳动产生深刻影响。形象思维明显的儿童更有兴趣学习文学、进行阅读和诗歌创作。但他们常常在数学学习上遇到困难,一般都学得不太好。

而对于另外一些孩子来说,大自然中不存在所谓的和谐之美。你可以设想一下,在一个温暖的秋日,松林边夕阳西下的景色：赤色的晚霞，岿然不动的老树干，以及波光粼粼的湖面泛出的斑斓色彩等。但总有那么一两个孩子不能理解这种美。他们会问：日落时的太阳为什么是红色的？在夜晚它去哪儿了？为什么秋天的树叶会有的变成红色，有的变成橙色，另一些却变成黄色？为什么橡树叶在霜降前很久都是绿色的？这些孩子看到的不是世界外在的形象，而是内在的逻辑，也就是因果关系。我们称之为逻辑分析思维，或数学思维。以这种思维模式思考问题的学生易发现事物的因果关系与从属关系，懂得一系列现象之间的联系，抽象思维是他们的强项，他们普遍喜爱研究数学或其他精密科学。他们对抽象事物与概念的兴趣，和那些拥有感性思维的孩子对事物外在美的关注度相同。

这两种类型的思维都是客观存在的，了解学生身上的哪种思维方式更占优势，对教师在教育工作中正确指导学生的脑力劳动有着重大意义。教导他们学会思考，发展思维，意味着一方面要发展每个孩子的感性与理性两种思维，不能有所偏向；另一方面又要善于把学生引导到最适合他天资发展的轨道上。

孩子们的思考速度也不尽相同，有些较快，有些较慢。有些孩子思维的跳跃性很明显。他刚刚还在思考蜜蜂如何采蜜，但当教师介绍完花朵的复杂结构时，他的思想就转移到别的目标上去了。或者拿解算术题的情况来说，一些学生能在思维上把握住习题条件中阐述的一切要点——果篮、苹果和果园里的树木。另一些学生思考的方式却截然不同，我想称之为稳定集中性思维。他只要集中思考一件事物，就很难转移到其他事物上。他思考问题时，常会顾此失彼：想着每公斤苹果多少钱时，就会忘记每筐苹果有多少公斤和一共有几筐。教师通常把这样的特点看作智力发展的反常现象，这并不正确。思维迟缓，无论在感性思维占主导的孩子身上，还是在理性思维表现明显的孩子身上，都是常有的事。教师往往不加以分析就对孩子的智力发展妄加定论，这是令人痛心的。他们其实是一些聪明伶俐的孩子，但思维迟缓会让教师产生误解，于是孩子感到焦躁不安，思维活动更加麻木，以至于无法进行下一步思考。

教师在开始授课前，就应明确观察、清楚了解这些现象。因为在还没开始授课时，研究孩子的思维特点是比较容易的。

我建议那些将要教授一年级学生的教师：在孩子入学前一年内，带领他们到思维的源泉——大自然中去郊游二三十次。这样做的目的是为了让孩子们看到鲜活的形象，看出各种现象之间的因果关系，使他们在美景前赞叹、称奇，在此同时也进行分析与思考。

如何让孩子的思维和智力得到有效发展

如何让学生的智慧和智力得到有效的发展,在我看来,这是大部分学校教育中最尖锐而又研究不足的问题之一。传授给学生知识,只是智育的一部分,谈论这个方面就不得不提到另一方面,那就是培养、发展学生的智力。培养思维和智力,就是发展思维的形象与逻辑分析成分,影响思维的活跃程度,消除思维的迟缓现象。

多年的教学经验告诉我,学校必须开设思维培养方面的课程。在学前教育阶段就应该经常上这样的课。从孩子上一年级开始,思维课就是智育不可分割的一部分。思维培养方面的课程内容不光涵盖对客观世界的表象、画面、现象、事物的认知,还要包括逻辑分析、知识探索、思维训练和发现因果关系的内容。

如果你想让"思维迟缓"的学生学会思考,那就带他们去思维产生的源泉那里,让他们观察一系列的客观现象,从而了解事物间的因果关系。思维迟缓的孩子从思维上对这一系列现象进行认知活动，努力记住这些客观事实和因果关系，这是任何练习都不能替代的思维锻炼。应使孩子在观察客观事物时，接连不断地有所发现，思考的火花不断被点燃，促使他们的思维过程活跃起来。思考的火花一经被点燃，孩子就会不断地渴求知识，对新的现象越来越感兴趣。这些想法和愿望是加速思维过程活跃的动力。

如何加强学生的记忆力

如何培养记忆力也是学校教学工作中最尖锐的问题之一。我们仿佛都对记忆力"不好"的孩子有过失望:今天记住,明天忘记。我会根据实际的资料和经验为大家提出一些建议。

那些依靠个人努力与意志力学到的知识,往往对学生的情感触动较为深刻,学生记得就越牢靠,越富条理性。

孩子们在开始记忆以前就应进行我上述的思维锻炼。对记忆提出的任务越复杂、困难,对思维和智力的培养就应越精心、仔细。如果孩子们只看见那些所有人都能明显察觉到的事物的表象,考察事物内部的实质时没有任何发现,没有体验过各个现象发生意外的相互联系时的惊奇感,那他们就难以记住什么东西。

我深信,无论是在课上还是在家里,孩子还没有成长到可以熟记不忘的年龄时,应专注地培养他们的记忆力。学前和小学时期是为记忆力打基础的绝佳时期,应想尽办法使孩子通过直接观察就可掌握关于客观世界现象与规律的重要原理，而不需要刻意去记。

可能我们每个人都遇到过这样的奇怪现象：孩子在小学时成绩很好，小学毕业后成绩却一直下滑。原因是什么？这种现象为什么会出现？很重要的一个原因就是在他读小学时没有专门进行培养智力、发展思维以及为记忆力打基础的工作。在小学时，就应帮助孩子为记忆力打好基础，这种基础其实就是孩子在教师的引导下直接认识客观世界时所掌握的知识。

爱护并发展青少年的记忆力

学生总是死记硬背是无益的,尤其在青少年时期。在这个年龄段总是死记硬背,会导致成人幼稚病——成年人的思维停留在幼稚时期,智力变得迟钝,阻碍能力与爱好的合理发展。死记硬背会导致青少年变成书呆子,这是它的不良后果之一。这种做法实际上是把教育儿童的方式强行施加到了青少年身上,直接导致他们思维幼稚却又要掌握严肃的科学知识。这使知识与生活实践脱节,使精神与社会活动范围变得狭隘。

青少年用和儿童一样的方法获取知识,是造成这种严重后果的主要原因之一:大量死记硬背教科书上的内容,再背诵给教师听,只为取得一个好的分数。这样的做法会把学生变成愚蠢的人。

让学校内再也没有书呆子一样的学生,是非常重要的教育任务之一。但如果中高年级的大部分教科书要求学生必须死记硬背,做不到就不行,而且学生在这种方法面前还不能耍小聪明,那我们该怎样做才能让学校内再也没有书呆子一样的学生呢?

为达到这个目标,我们仅有的方法就是:让有意记忆和无意记忆之间的比例正确合理。假设八年级的学生需要背诵的知识量用 x 表示,此时他们需要理解和思考的知识量就应多几倍,为 3x。同时,需要背诵的知识和只需要理解的知识之间应有一定的联系——不一定有直接的联系,但最好是与问题相关的联系。例如,解剖学和生理学中研究人的神经系统,这些学科知识里有很多全新的内容,大多数需要背下来。为了使学生的学习不至于衍化成死记硬背,我们可以推荐学生们去看关于人体知识的书籍,以此让他们了解各种人体器官、神经系统和那些著名科学家在这方面的研究成果。学生在此过程中会产生大量全然不同的另一种无意记忆,这是他们在不需要死记硬背的阅读中得来的,和那些有意背过的知识有着质的区别。无意记忆建立在兴趣、思考和投入的基础上,认知的情感因素在这里起着极强的作用。阅读感兴趣的书籍得来的无意记忆有助于活跃人的思维。大脑的思维越活跃,有意记忆就越能得到发展,越能保存与再现大量知识。如果理解的知识数量比应当背诵的知识数量多几倍,那教科书的知识便不需要死记硬背，学生需要做的就是对书本知识进行理解阅读和思维分析。多年的教学经验让我坚信，如果有意记忆以无意记忆为基础，也就是背诵以阅读和思考为基础，那青少年在学习教科书的过程中会萌生许多问题。他们知道得越多，问题就越多，问题越多，他们理解教科书的知识就越容易。

让有意记忆和无意记忆建立正确的比例，这件事成功与否取决于教师。作为传道授业解惑的教师，你不应仅仅是知识的传授者，更应成为青年思维的引导者。你对新教学内容的讲述，应点燃学生勤奋好学、渴求知识的导火索。在课后，学生应有极强的兴趣去阅读你顺便提到的那些书。他们必须对这些书念念不忘，一定要找到它们。

由此我们可以得出结论，那就是青少年的记忆力发展，取决于中高年级教学过程中培养的智力水平。

让孩子爱上画画

在小学阶段如何安排绘画课,在教学过程中给予其什么地位——这个问题与学生的智力发展有直接的关系。我把绘画看作培养小学生创造性思维和想象力的方法之一。我坚信,绘画有助于发展孩子的审美,是通往逻辑认知的必经之路。

刚开始,我教孩子们写生,画树木、花朵、河流、走兽、昆虫、飞鸟等。即使他们画出的图画结构还很简单,但是都能体现出每个孩子不同的认知、思维和审美的特点。有一次,我们一起画布满三叶草的原野,一些孩子想要把开花的整片田地、碧云蓝天和歌唱的云雀都画进图画里,而另一些孩子却只画了一棵绽放鲜花的三叶草和落在花瓣上的蜜蜂,还有个小姑娘在纸上画了一只飞舞的蜜蜂、几片三叶草的花瓣和太阳……

我们多次组织郊游,让学生们亲近大自然,接触思想的源泉,目的是为了让他们对世界的认知充满美感。我们画水塘边的朝霞与晚霞、田间牧场上夜晚的篝火、迁徙的鸟群、春汛的景色等等。由此我得出一个令人开心的结论：描绘繁花似锦的美景的过程就是对客观世界进行的审美活动。当孩子诠释美好的事物时，对美的体会仿佛需要用他们特有的语言来表达，这可以激发出他们的形象思维。

我慢慢教会了孩子们绘画的基础技法，他们领悟了表达明暗与远近的方法。早在一年级孩子的绘画中，创作就占有一席重要的位置。他们用图讲述童话故事。图画成了想象力爆发的原点，我坚信，通过绘画激发出的想象力和孩子的语言是密不可分的。毫不夸张地说，绘画使孩子张口说话，使那些腼腆羞涩、噤若寒蝉的孩子说起话来了。

二至四年级的学生已经把图画涵盖在了创造性的书面作业中，也就是通过观察大自然现象和劳动活动来写作文。我发现，只要孩子找不到合适的辞藻来表达自己的思想时，就开始用画图的办法。有个男孩努力地想表达出他在刺猬的粮仓里看到各种宝藏时的惊讶情绪，直接画出了这些宝藏：苹果、土豆、翠绿的甜菜叶和各种颜色的落叶。

我努力让绘画在孩子的内心里占有一定高度的位置。在我和孩子们坐车沿着第聂伯河向基辅行驶的途中，他们对沿岸的绿地、山岗、树木和原野上的丘陵构成的美景赞不绝口，都想用线条和色彩描绘出他们眼中的美景。

没有绘画的帮助，我无法想象地理、历史、文学和自然课应该如何进行。假如我想为学生们讲述远在澳洲的动植物，我无法做到把要讲述的一切都画成图画带来上课，所以我会快速在黑板上画出多种动植物。这种做法不仅不会打断孩子们的思绪，还鼓励了他们的想象力。在讲述历史时，我会一边讲述一边在黑板上画出古代人们的服装、劳动工具和武器等。多年的教学经验告诉我，在历史课上，特别是四五年级的历史课，讲解时随手在黑板上画出表明主题情节的图画，可以使课程的效果加倍。例如，在讲述斯巴达克起义时，我就在黑板上画出设在山顶上的起义者军营。这种伴随讲解随手画出来的简画，比起那些现成的、甚至彩色的画，有着更大的优势。在低年级的数学课上，有时候还需把应用题的图解画出来——我已在前文讲过。

如何让孩子流利地书写

读和写是两种最必要的学习方法，是学生认识世界的窗口。孩子如果不会迅速流利地、有理解地阅读以及快速地、半自主书写，就犹如半个盲人。我认为，使学生在三年级（在四年级则更肯定）就能笔不离纸地写出较长单词，不看练习本就写出单词（甚至短句），是一项很重要的任务。半自主书写是学生学会读写以及主动掌握知识的重要条件。学生不必再思考如何写某个字母并怎样把它们连接起来的问题。只有学会书写，他才能思考语法规则的运用和他所写东西的意义。流畅的书写还可以渐渐培养出语法规则方面的自动化：孩子不需要再思考某个单词如何写，因为他已经写过这个单词很多遍了。

流利地书写字词，渐渐掌握半自主书写，书写的同时考虑内容的含义——这些工作应做到同时进行。要掌握流利书写的能力，首先要给手部肌肉一些练习。我多年的教学经验证明，这些练习应安排在书写前。我所谈论的是用双手——左手和右手从事精密的劳动动作。在学前一年就应让孩子做以下几种劳动：用剪子剪纸板、用小刀（雕刻刀）做木刻、编织、用积木做模型等。精密的劳动动作能加强手指动作的配合性，使手指更灵活并对画小图画有着很强的敏感性（字母本身其实就是小图画）。

应竭力让孩子的劳动动作成为美的创造性劳动。让孩子们在制作物品时，多重复圆形、椭圆形和波浪形线条，让他们的双手从小就习惯平稳、细致地用力，这对"使用工具的灵活性"有着很高的要求。

多年的教学经验证明，精密的劳动动作可以使孩子的书写更加流利。当然，系统的书法练习也是必需的。

让孩子学会左右手协调工作

人类在历史发展的进程里形成了这样的习惯：大部分人都是用右手完成那些与思想有联系、依靠指尖传达思维的灵巧操作劳动。在进行创造性劳动时，左手仅起辅助作用。我们大部分人都用右手拿工具，用右手书写，画家们用右手画出流芳百世的艺术作品。

人类仅靠右手，就足以达到他们精神文化的顶峰。如果所有人都习惯用右手做细致的动作，而有一部分人还可以用左手做，那这些人提高劳动技巧和发展智力的速度就会明显快很多。在这里我们讨论的不只是劳动教育的另外一个前提。双手与大脑之间有着密不可分的联系：双手提高脑力，使大脑更聪明，大脑反作用于双手，使双手成为创造性活动的灵活工具，成为思维的工具和镜子。我多年的从教经验证明，如果左右手都可以做那些最精密最灵活的劳动，那双手和大脑之间的联系会增多，体现事物过程和状态相互作用、相互关系的睿智经验就会由双手反馈给大脑。这是由实践经验所论证过的，它体现了一个客观存在的规则：通过双手的创造性活动而领悟的相互作用关系，会给思维活动带来一种新的特质，那就是人可以从思想上体会到一系列存有相互关系的现象，并把它们看作一个统一的整体。

我用十七年的时间教那些七岁到十四岁的孩子用左右手配合工作。他们掌握了两种刀具的使用方法，他们的左右手都能组装构造复杂的部件，可以双手配合着在加工木材的车床上劳动。我能觉察到，在这些孩子从事的活动中，创造性因素逐渐发展起来。创造性的特质是想法新颖、富有发明精神。在同一现象中，会用双手配合工作的人，能比只会用右手工作的人体会到更多的东西。我的学生们在用劳动工具对原材料进行加工时所体现出的特点是，动作细致柔美，他们都对这些灵巧的创造性活动产生了浓厚的兴趣。

给在较大型学校里任教的教师的一些建议

教师在拥有几十个教师的学校里任教,比在较小型的学校里任教更容易提高自身的水平。较大的教师团队里总会有一些经验丰富的教师。但借鉴教学经验是一项复杂的工作,是一种创造。

比如,你刚大学毕业,有了担任低年级教师的资格。在你被分配任教的学校里,除你以外还有十六名低年级的教师。他们之中有些人被校务委员会评为优秀教师,另一些人表现相对一般,还有一些人经常被指出教学上的缺点。作为刚入职的新人,几乎每一位教师,即使有一些刚从教几年,都有值得你学习的东西。但在借鉴别人的教学经验时,应注意节省时间。如果你旁听全部教师的课,就很难领悟到教学技巧的精髓。

我建议你先观察低年级学生的练习册。如果你看到一位教师班里的大部分学生练习册上的字写得好看、工整,这就是最直接的标志,表明你在这个班集体里可以学到很多东西。学生练习册体现着整个教育工作的效果,你应该去旁听这位教师的授课过程,不光要旁听书写课,还要旁听其他的课程。孩子的书写也取决于他的阅读情况——阅读了什么内容,读得多还是少。

想要丰富教学经验,就要深刻了解教师的全部工作,了解自身可以给儿童施加什么样的影响。刚开始,你需要旁听经验丰富的教师的授课过程,此时仅为了解他是如何让孩子把字写工整的。但在旁听时,你会看到很多仿佛与你要观察的事物没有联系的现象。你不必去纠结各种现象之间的复杂关系。想获取教学经验,首先要理解一个现象的发生是由哪些因素决定的,否则就无法借鉴别人的教学经验,更达不到理解的高度。要知道,学习、借鉴别人的教学经验,并不意味着把那些特殊的好方法完全机械地照搬到自己的教学工作中,而是要动脑思索,学会运用他们的思维方式。如果你要向优秀教师学习,就应该用心体会他们的教学思维。

如此,你会发现,引起你注意的那本学生练习册的主人,也就是那位学生,他所在班级的其他学生的阅读能力也很出色:他们有着快速的阅读能力,可以一边阅读一边思考,所以他们的朗读里透着浓郁的情感色彩。你仔细体会了他们阅读的方法，但未发现任何新鲜的东西。你又连续旁听了他们的课，并把听课得到的所有内容同自己的课进行对比。你完全按照那位优秀教师的办法教学生，但得到的结果却大相径庭。那就请反复思考，优异的成绩到底是由什么决定的。

你仔细询问学生，尽可能最大限度地了解他们的家庭状况，于是你渐渐发现，学生出色的阅读能力是由多种因素决定的：家庭的文化教养如何，学生在童年时期听过什么童话，学校的课外阅读制度怎样，教师对学生学知识与技能的比例状态是否关心等。你会因此得出一个结论，那就是教育事业中没有任何一个结果仅取决于一个因素的影响，好比只要你这么做，就一定会有这样的结果。每种结果都受几十个、上百个数据的影响，有的甚至与你所研究、观察、探索的对象相距甚远，没有直接联系。

借鉴优秀教师的教学经验能够帮助你意识到，自己在实践工作中要取得某种结果时，是什么因素在起主导作用。

想要丰富教学经验与技术，首先要靠自我修炼，依靠自身的努力去提高工作修养，且首先就是要提高思维素养。在教学工作中不进行个人反思，不钻研自己的劳动成果，那工作是没有任何意义的。

你对资深同行的经验钻研越多，就越需要进行自我反思、自我观察、自我分析、自我教育。在自我反思和分析的基础上会产生你独特的教学思想。例如，你在研究所做的事与其结果之间的关系时，可以得出这样的结论：种子今天播在最肥沃的土壤里，明天并不一定会发芽。今天所做的事，往往在几年之后才有结果。这是教育工作中十分重要的规律之一，它需要我们以长远的目光来看问题。

给在单班制学校任教的教师的建议

现在和未来的很长一段时期内都会有那种孩子很少的学校——单班制和双班制的小型学校,其中可能只有一两个教师任教。

如果你在这样的学校任教,那就需要花费一些精力,使校园环境长时间保持缤纷多彩的精神生活气氛。但要知道,这种气氛是必要的:没有文化和教育上的高度修养,教育就有可能走下坡路,使较偏远的学校成为文化落后的地方。如已经发生这样的情况,那责任要归咎于教师。在远离大城市、较为闭塞的地方点燃文化、思想和创造活动的火种——这一切都取决于你的作为。你应竭尽全力来点燃这团火焰。这对学生的受教育程度、精神文明建设和知识积累都有着不可磨灭的决定性作用。

为使文化和思想之光长明,你应该专门做一些工作。偏僻的乡村没有大型图书馆,这里的人们对书籍(最新书籍)的渴求犹如生命对空气的需求一样。

所以，要让自己学校的小型图书馆向文化中心的大型图书馆借阅图书。要经常阅读"书评"周刊，但凡是必要的、能引起兴趣的书籍，都借阅两三周，把它们读完。我听说一些在偏远的农村任教的教师们常年不外出，却建起了供村民借阅的"民间图书馆"。你也可以考虑这件事，在学校里建立文化中心。

单班制学校里孩子的课内阅读很重要。你应号召大家，设法使学校图书馆里藏有可供孩子借阅的一切必要书籍。即使学校很小、位置很偏僻，也应有供学生阅读的世界文学名著。想做到这一点，难度并不大，只需你有勤奋的精神和对孩子无限的热爱。我坚信，在远离大城市的学校也一样可以创造条件，使阅读成为学生精神文化的主要源泉。

学校应购买电影放映机和幻灯片放映机，并及时订购新的教学用电影和幻灯片。

如果你在偏远地区的小学校任教，要经常同大村庄、大城市的好学校保持密切联系。我建议你一年去两三次这样的学校，每次在那儿待三四天。你应去旁听授课过程，同教师们交流，密切观察每个勤奋思考和工作富有创造性的教师的教学成果。你应以这样的教学成果（学生的知识储备、学习能力和作业练习）为基准来衡量自己学生的成绩。如果可能，邀请一位优秀教师到你们学校里来，哪怕只待两天。

在春天和初夏，应带领你的学生们去城市参观，让他们了解城市生活，看看工厂和印刷厂。要利用每次参观城市的机会来丰富学校的图书馆和影片库。

夏天的时候，你不要只待在学校，要多去大城市旅行！你在大城市旅行期间要过得充实：去剧院和音乐厅看演出，见识一下杰出演员的表演。同时，也请你不要忘记买书。

我建议你可以去旅游几次，去看看乌拉尔、西伯利亚、阿尔泰山、中亚细亚、高加索、俄罗斯北部——阿尔汉格尔斯克州和诺夫哥罗德州。你的见闻越广，用来教育学生的方法就越丰富。

教师应制订哪些计划

这是教师常会遇见的问题：有时会被一些没有必要的文牍压到喘不过气；而在"官样文章"受到激烈批评时，一些教师又得出结论说，什么计划都没必要写。

这两种做法都是不对的。对工作起积极意义的计划还是有必要写的。

对在小学任教的教师来说，制订为期数年的工作计划是很有必要的。这样的计划是由什么内容组成的呢？根据我个人的工作经验，应涵盖以下几点：

◎孩子在小学阶段时应阅读的书单。当然，只有当学校图书馆藏有这些书籍时，这个计划才可能实现。

◎孩子在学校应欣赏的音乐作品（学校最好设有音乐教室）。

◎要与学生交流的绘画作品。

◎要求学生背诵的课文和文学作品的选段。

◎要求学生掌握的基础词汇，即学生在小学阶段应熟记其正确写法的单词。

◎为扩充学生的知识储备而需要他们阅读的科学类书单。应为那些学习成绩较差、思维较迟缓的孩子专门列一份书单。

◎"思维课"的课题，也就是带领学生到思想和语言的源头去参观的课题。

◎小学各年级的孩子要写的作文题目。

◎教师和学生需协同制作的直观教具清单。

◎小学期间要组织的参观活动。我建议正在教初、高年级的各学科教师们都制订一个这样的长期工作计划。当然，制订这样的工作计划需考虑学科的特点。比如，生物教师应在计划中加入在自然界进行系统的观察活动，以使学生形成一些必要的概念；地理教师可以把需熟记的专业术语加入计划；物理教师的计划里可以加入观察工农生产劳动的参观活动。

一个长期计划就是一个需要努力达成的目标，教师以这种计划为基准，每日研究教学大纲时，就是在审视自己的教学工作：什么计划已经完成了，什么计划还需去做。根据长期计划的实现情况，可以判断学生掌握知识的质量。

每个教师还应制订专题计划或具体到每节课的教学计

划。专题计划是依据教学大纲分配给本专题的课时数，涵盖数节课的计划。专题计划只适用于那些较小的课题（两到五节课就能讲完的）。在专题计划里要明确授课宗旨与教学方法，应避免书面抄录冗长的授课内容。教师给学生的授课内容要铭记在脑海里，不需要做过于详细的教学笔记。专题计划是一种教学上的预见和依据，而不是太过详细的讲稿。专题计划里要写明对教材进行创造性加工的内容，例如，在检查作业时要对孩子进行提问，学习新教学内容时要独立完成的作业种类。给学生布置的练习和作业一般不写入计划（教师们常常把它们抄在一个专门的卡片上或写在练习本里）。

撰写专题计划的时候，需留有空白处，以便在偏离计划的情况出现时，对原计划进行修改。

一些教师不习惯制订专题计划，仅喜欢制订具体到每节课的计划。他们对题目反复思考，预先制订初步的方案，只安排一节课的教学内容。每个教师都有最适合自己的方法。最主要的目的是要以长期计划为目标，不忘最终目的，经常思考教学大纲及其说明，并不断与长期计划进行对比。

班主任教师要制订教育工作计划。关于这种计划，之后在专门讲教育问题的建议中再议。

关于撰写教育日记的建议

我建议每位教师都撰写教育日记。教育日记并非一种硬性要求的正式文件,而是一种个人随笔。这样的随笔对你们的教学工作大有益处,是你们进行思考和创造的源泉。记录了十年、二十年,甚至三十年的日记,就是你们一笔巨大的财富。因为,每位善于思考的教师都拥有一套个人独特的教学系统和素养。

如果一位优秀的教师竭尽终生所探索到的教学成果,随着他生命的终结而被带入坟墓,那将是整个教育事业的不幸!我真的想把那些优秀教师的教育日记都珍藏在教育博物馆的科研所里。

我的教育日记持续写了三十二年。在我刚到小学任教的第一天,有件事情让我思考良久。

那时候,我们村里有一位医生,人们都说他是一个古怪的人。我清楚地看到,这位所谓古怪的医生检查一年级新生的身高体重时,颇为详细地记录了所有学生的健康资料。我与他交谈了一会儿，翻阅了他所记录的资料。使我惊叹不已的是，他二十七年如一日地记录着所有学生的健康信息。我不解地问："您为何要做这些记录呢？"那位医生回答道："这项工作很有意思，请看，这二十七年来，孩子们的平均身高增加了4.5厘米。哎呀，如果我能再多活三十年该多好……"

在那个年代，还没有人考虑过孩子可以加速成长的问题。战争到来时，医生病倒了，他把这份资料转交给了我。我从任教的第一天起，就开始记录孩子们的身高、体重和智力发展等情况。如今，我掌握着五十九年来该村孩子们发育的资料，它对我来说弥足珍贵……

三十二年了，每年开学的前两周，我都要详细记录孩子们的知识掌握情况和概念理解程度。我每年都要让学生们回答同样的一些问题。例如：请从1数到100；请说出你所知道的动植物的名称；请说出你所知道的机器的名称并解释它们的用途……

我认为，孩子们的回答同样具有重要价值。例如，有一些信息值得我们注意：在1935年，三十五名即将就读一年级的学生中只有一人能从1数到100，仅有五人能数到20（当时孩子上一年级的年龄是八岁）。到1966年，三十六名即将就读一年级的学生中能数到100的有二十四人，其他十二人能数到20，30，40（当时孩子上一年级的年龄是七岁）。孩子们对机器与工业的知识储备逐年增多。但令人遗憾的是，他们对动植物的知识储备正逐年减少。

1935年的那三十五名孩子都在夏天看到过朝霞，能描绘出旭日东升的情景。但1966年的三十六名孩子里，在六月份看到过朝霞和日出的仅有七人。

我的教学日记里还记录着学生家里有哪些藏书，家长的受教育程度如何，父母愿意付出多少时间来教育孩子。对比这些资料时，我觉得很有趣。

在我的教学日记里，有很大的篇幅记录着关于后进生的情况。我认为，观察他们在课上和在家中的行为方面和脑力劳动方面的细微变化至关重要。把这些情况记录下来并进行分析、思考，对教师的教育工作有着莫大的帮助。例如，我观察到一些孩子的思维活动相较缓慢，因而对知识的理解能力受到了很大的局限，所以我得到一些实践性结论，记录下了这些孩子应该读哪些科普作品，以及如何去读这些作品。

撰写教学日记还有助于使思维专注，我能全神贯注地研究一些现象。我一般在教学日记中会留白几页，以记录一些巩固知识的想法。研究、分析、比较这些记录，能帮助我观察出知识的巩固程度取决于哪些前提和条件。撰写教学日记能使我们学会思考问题。

教师如何教育自己的子女

生活中有一种矛盾现象让我们深感遗憾：教育别人孩子的教师，往往没有空闲时间教育自己的孩子。为避免这样的情况发生，我给当教师的父母一些建议：请铭记，你在家里对自己的孩子来说，不是老师，更不是班主任，而首先是父亲或母亲。所以，不要把家变成学校，不要把学校的气氛带到家里，这主要是为了让你的家庭幸福美满。

教育，不是某种特殊机构刻意安排的"措施"，教育首先是一种生活方式。教师手里掌握的是一个有能量的，但不危险的工具。这个工具就是可以"管理人"的权力。这个权力要求教师具有睿智的头脑和谨慎的思维。教师应在学校里理智、小心地使用这个权力，切记不能把它带到家中。教师应把在学校的习惯和做法留在学校，目的是为了防止自己的孩子也带有"教师气"。如果孩子彻底熟悉了教师职业的全部细节，完全了解了教师的具体工作，知道教职工作与什么有关系，教师如何做是正确的，怎样做是不对的，有权做什么，无权做什么……那就非常不好了。教师在家不可当着孩子的面，肆无忌惮地评论学校里的学生和教师。因为他们听多了这些言论以后就会变得傲慢，产生很强的优越感，认为自己有着别的同学所没有的条件。他们与自己的老师说话时往往傲慢无礼，以后对自己的父母也会这样。到那时候，即使你们这些为人师表的家长再有教学经验和教育智慧，也会失去自己对孩子的威严。无论何时，都不要让自己的孩子觉得比其他同学有任何优越的条件和特殊的地方。

如果可能，安排孩子去同事的班级，不要让他在你的班里。这样会好很多，会让孩子和你更亲密。

尽管我们在一生的教育生涯中都在教育别的孩子，但仍需要拿出专门的时间来教育自己的孩子。你每天都需要抽出时间来和自己的孩子谈心，陪他一起阅读、散步。如果你是一个父亲，这更是至关重要。

如果你在学校，因为对教学过程的某方面或对学生的行为不满而生气，情绪较为激动，请一定不要把这样的情绪带到家里。如果你做不到这样，那么在孩子面前，你就会树立不好的形象。如果孩子从小就看到学校给父母带来的各种不快，他们就会对教育工作异常反感。这样的恶劣后果会让你的孩子成年后不想当教师。如果仅出现这样的结果，还可以补救。但事实上问题要棘手得多：如果学生厌恶教师的教育工作，他们会渐渐变得表里不一、夸夸其谈。

你拥有得天独厚的条件来培养自己的孩子热爱劳动、爱好阅读、喜爱科学。教师的劳动，实质上是在树立正确、崇高的榜样。应让孩子理解，你的劳动和你对别的孩子前程的关怀是崇高的。

你有自己的藏书，等你的孩子到了上学的年纪，就要为他们空出部分书架的空间，让他们爱上阅读，尊重文化艺术。

谁在教育孩子，孩子的教育都取决于谁

有时候草率地过分强调某一种教育因素会使青年教师不知所措，因为一切教育因素都是重要的，都有各自的意义。

我们即将培养的孩子就好比一块大理石，几个雕刻家都带着各自的刻刀，计划着把它塑成富有灵性的雕像，以体现出人类的精神思想。那么，这个雕刻家团队由何人组成，有几人参与？

有来自多方面的力量共同对孩子进行教育：第一就是孩子的家庭，而家庭中最细致、最有才干的雕刻家就是母亲；第二是孩子的老师，这位雕刻家有精神财富、智慧、知识、能力、爱好和生活经验，有智力、审美和创造等方面的需要，有自己的兴趣和目标；第三是能对每个人产生教育影响的集体（儿童集体、少年集体、青年集体）；第四是学生自己；第五是可使孩子的精神生活中充满智慧、美感和道德的事物，也就是书籍；第六是在你意料之外的

雕刻家——孩子在街上结交的少年朋友,或是来家里做客一周就让孩子一生都酷爱无线电或天文学的亲友。

如果这些对孩子的教育有重大影响的雕刻家们像一个纪律严谨的乐团一样行动起来,那么在教育中出现的许多问题就会迎刃而解。

当然,每个雕刻家都有着自己独特的个性和特点,他们风格迥异,有各自的优缺点。与此同时,一位雕刻家可能对另一位雕刻家的雕刻技艺与创作技法持批判态度,不光努力用自己的刻刀以自己的方式在未加工的大理石上悉心雕刻,还总想对另一位雕刻家刚雕刻好的部分加以修补。后来,这块逐渐被雕刻好的大理石慢慢有了自己的灵魂,不仅能认识周围的客观世界,还能很好地认识自身,不只会用理智来认识,还可以用心灵去体会。这块大理石表露了想照镜子的愿望,说道:"敬爱的雕刻家们,你们都做了什么?"随后,我们还未完工的雕塑拿起了刻刀,对着镜子(也就是观察着周围的人们,对一些人赞美,对一些人无感,对一些人愤慨),开始自行雕刻起来,甚至对别的雕刻家已经做好了的地方也进行修改。创作的激情快速燃烧起来:飞舞的刻刀像是交锋中的利剑,大理石的碎屑如雪花般向四周迸发着,有时会有一整个大石块从洁白无瑕的大理石上被劈落下来……

当你悉心观看这个自我雕刻的过程时,耳旁却充斥着雕刻教育家们的"对骂",你会觉得这些关于教育因素主次性的争论是多么幼稚!它对整个教育事业的发展都有着莫大的危害。如果每位雕刻家都没给家长灌输所谓的"教育家万能论",就不会有哪位家长会这样对我们说:"孩子交给你们了,那就由你们教育吧!你们教师和学校就是专门干这个的。"

当你决定开始任教,把毕生献给教育事业,你应记住,你不仅是一个活的知识宝库,不仅是一名教育专家,你还要善于把人类宝贵的智慧财富传授给年轻的一代,并在他们心中燃起渴求、热爱知识的火焰。不同于其他人,你是创造未来一代的雕刻家,你的责任是教育、创造社会的栋梁之才。社会把你看作雕刻巧匠,正是这种能工巧匠铸造了我们国家的未来。请你铭记,你的每一个错误都有可能造成个人成长中的缺陷,并给他带来精神上的痛苦和烦恼。作为人类未来的铸造者,应为人师表,以自己应有的水平、能力、技艺为其他雕刻家树立正确的榜样。为使我们的学校里创造出来的人成为具备德、智、美的完美杰作,就需要所有参与雕刻"大理石"的雕刻家们共同协作,完成创造真正的人这一艰巨任务。所以,谁是这个团队中最机敏、睿智、富有经验、细心、勇敢的领导者呢?就是教师。

作为指挥者,教师要组建起这个由诸多教育因素组成的合唱团,要机敏地听清每位团员的演唱,指出哪位的音没唱准。也就是说,你应了解,在困难重重的教育过程中,哪个因素影响了某个结果。必须清楚了解每位雕刻教育家在我们共同努力创造的作品上做了什么。我的青年朋友们,请记住,刀子稍一接触无瑕的大理石,就会留下终生不可抹掉的痕迹。你应知道谁在什么时候如何接触了你的杰作。所以,仅仅热爱孩子是不够的,像希腊神话故事里的雕刻家皮格马利翁热爱自己亲手雕刻的加拉泰亚一样热爱自己的作品是远远不够的,应当善于对因果关系进行逻辑分析。

作为乐团的指挥,并不是要求你去仔细地给各声部分配任务和责任,说:这部分由家庭负责,这部分由学校负责,这部分由少先队负责……创造一个人不是按部分进行的:有人雕刻耳朵,有人雕刻额头,有人雕刻鼻子等等。这样的情况在我们复杂的教育事业中是没有的。在从教初期,你就要经常和家长交流——不仅在家长会上交流,更多的是个别交流。无论如何都不要严格地分配任务,说:这个由家长负责,这个由学校负责。对教育负责的不仅是学校，家庭也一样，并要做很多事，以便通过我们的共同努力，让孩子成为聪明的、能理解他人感受的人。对我们共同创造的加拉泰亚，有时可能会有来自各方面的各种力量在同一部分做完全不同的"雕刻"。你教导学生要正直，要爱护社会财产，而你和家长都不认识的一个"雕刻家"在你们不知情的情况下意外出现，教学生去偷窃和欺骗。一个教育过程指挥者的才能和本事，体现在你们共同创作的作品在每一次被触碰时，都能被敏锐的你所察觉。

乌克兰教育家、哲学家格里戈里·斯科沃罗达曾说过，了解原因就是了解一切。我的青年朋友们，我们要用心体会这句话。在学校生活中，教师没有了解学生行为出现的原因就妄下断语的事例很多。有时会出现这样的情况：责任本该在于学校，但却把家长请来，指责是他们对孩子缺乏管教，把他们宠坏了，等等。

有时，善与恶错综复杂、难以分辨，但我们必须分辨清楚，这是作为教师的神圣责任。我的青年朋友们，你们决定参加崇高的教育工作，不仅是要成为铸造时代新人的能工巧匠，还要成为其他巧匠的老师。你们的优势在于，你们拥有教育科学理论基础，可以借此来了解学生。如果我不相信教育科学能带来巨大的能量，那我在学校一天也工作不下去，也不可能写出这本书。你们应成为教育之路上的指明灯，而灯的光芒应能帮助其他雕刻家在创造人的过程中找到方向。作为教师和班主任的你们，如何做到影响学生的家庭？学生的自我教育应如何去做，教师在这方面的任务又是什么？教师应如何进行自我教育？集体的巨大教育能量的秘密何在，在什么条件下才能有集体，在什么条件下没有？书籍如何起到育人的作用？如何让意外教育者对孩子的影响与学校的方向保持一致？我认为，就前面这些问题提出建议，对青年教师们来说，将受益匪浅。

如何让父母学会给孩子提供良好的家庭教育

我认为,没有什么比让父母亲学会如何教育孩子更重要了。根据多年的教学经验,我们得到一个结论:不关心家长的教育修养,任何教学和教育任务都无法顺利进行。家长教育学,是关于父母如何教育孩子成人的基础知识,是整个教育学理论和实践的基础。在我们学校的母亲教育学教研室的显著位置上,写着尼古拉·伊万诺维奇·皮罗戈夫的话:"要让女性们懂得,她们是社会的主要建筑师,她们照料摇篮中的孩子,为孩子创造童年时代的游戏,教他们牙牙学语。社会的基石是女性们奠定的。"这句话体现了家长整个教育工作的基本目标和思路。

我们学校设有家长教育学校,主要分为学前部、一至三年级学生家长部、四至八年级学生家长部、九至十年级学生家长部。在孩子入学的前三年,家长就开始在学校里学习。他们两周一次课,授课教师由校长、主管教育和教学工作的副校长、主管课外教育的副校长和三年后即将教一年级新生的教师组成。以下是家长教育学校学前部 1964 年至 1967 年的教育工作计划（在这里学习的家长们，他们的孩子于 1967 年秋季入学就读一年级）：

（1）四至七岁孩子的身心健康发育；

（2）如何预防儿科疾病；

（3）孩子的生活制度、饮食健康与身体锻炼；

（4）四至七岁孩子的智育；

（5）父母亲如何关注孩子的语言与智力发展；

（6）如何预防孩子的神经症；

（7）四至七岁孩子的劳动教育；

（8）如何让孩子学会尊敬长辈；

（9）孩子在学前阶段的自然教育；

（10）孩子在学前阶段的兴趣培养；

（11）学前阶段孩子对客观的认知与情感的发展；

（12）如何培养孩子的情感；

（13）四至七岁孩子的美育；

（14）如何培养四至七岁孩子的创造性思维；

（15）如何防止孩子冷漠无情；

（16）如何教会孩子控制欲望；

（17）培养孩子对动植物的关注是教育的一种有效方法；

（18）游戏对学前阶段孩子的智育、德育、美育和情感教育的作用；

（19）母亲是孩子的第一位教师；

（20）家庭是体现人们相互关系的学校；

（21）父亲和儿子；

（22）母亲和女儿；

（23）孩子对学校教育的心理准备；

（24）孩子道德修养的初步探索；

（25）我们如何看待您的孩子，您如何看待他；

（26）家长教育孩子时常犯的错误,如何避免这些错误；

（27）祖父母也是孩子的教师；

（28）学前阶段的孩子应学什么，如何学；

（29）如何做到使家庭的气氛温暖、和睦；

（30）如何教育孩子待人接物温文尔雅；

（31）如何做到互相让步；

（32）如何抑制自己的激动情绪；

（33）如何培养孩子立志做好人；

（34）如何防止孩子刁蛮任性；

（35）什么是家长权力，如何使用这种权力；

（36）避免惩罚的教育方式；

（37）惩罚的利弊；

（38）如何要求孩子，什么可以、什么不可以；

（39）教育孩子是父母最重要的社会义务。

作为教师，你必须准备和讲授这样的题目，我想为此提出一些建议。你要让家长意识到，教育事业是最崇高、人道、高尚的创造，是履行崇高的社会义务。我所任教的学校里有许多优秀的班主任，他们善于把创造人的思想贯穿在每次家长会中，激发父母亲为创造世上最美好、最崇高的事物而自豪的思想情感。在教师的阐述中，家长教育学是劳动、是科学、是技艺，也是创造。

这些班主任从不以"嘲笑"的态度与教育中犯有过错的家长进行讲课或谈话。我的青年朋友们，我劝诫你们也不要这样做。有些家庭的生活中的确存有不好的现象。但如果你们开始"揭人伤疤"，把他们家里的私事和不幸（不善于教育也是一种不幸）置于众目睽睽之下，那么，来听课的家长会越来越少，你们将使家长和学校疏远，而更危险的是，他们可能会破罐破摔："我无论如何都不会成为你口中的好父亲，别人的孩子是优秀的，我的孩子生来差劲！"请铭记，你们与家长谈话时，不能好似在逼迫他们照镜子。假设你们对一个人说："你看，你的相貌多么丑陋……"那这个人将会以什么样的态度与你们交谈，结果不难想到。

我这个建议的意思绝不是让你们回避教育方面较为尖锐的问题。恰恰相反，一些家长在教育上所犯的错误可以作为另一些家长的经验教训。没有什么比学校—家庭教育更让人觉得复杂棘手和矛盾了，我们应用理智合理地、富有策略地、心平气和地解决这种教育里出现的各种冲突。我们要及时指出家长在教育中所犯的错误，在指正的时候，不要用侮辱和贬低性语言攻击家长；我们在众目睽睽之下谈论坏事，通常不可以说出犯错家长的名字。

为使过错得以修正，为了能坦白诚恳地对待不同情况的家庭教育，我们还有另外一种有效的工作方法，那就是和家长们开展个别谈话，尤其是女教师和母亲谈话、男教师同父亲谈话。主导家长精神道德修养和教育修养的条件和前提，任何家庭都不会完全相同。每个家庭都有自己独有的特点。所以，与父母亲的个别谈话——孩子不在场的情况下——是我们家长教育学校的重要组成部分。我要特别强调,与家长的个别谈话,必须要求孩子不在场。无论如何,都不要让孩子知道教育中的困难和烦忧、成功和疏忽,否则有害无益。

在家教良好的家庭中,父母和蔼可亲、互相尊重、相互谦让是影响家教的中坚力量。孩子也相信,家庭和睦、一切安好对他们起到了积极的教育作用。

我们已经做到,使学前阶段的孩子在家中上一种特殊的母育学校。这是世上一切都无法替代的德育、智育、美育和情感教育学校。最好的幼儿园都无法取代母育学校,或是弥补父母亲在个性——人的精神中最敏感的地方——教育方面因疏忽而造成的缺陷。我们格外重视母育学校对人情感的培养。我们在关于这个问题的课程中以及同父母亲的个别谈话中,都会用具体的实例来论证,如何使孩子养成一种复杂的精神能力,即能感到自己生活在人们当中,要控制自己的欲望而不伤害他人的利益。在家长教育学校学前部,我们逐渐将生活在社会中的能力视为重要而复杂的课题。

母亲教育修养的重要性是无论如何估量都不会过分的。我们力求使母亲成为细致的、睿智的、心灵美好的、在精神上高度理解美德的雕刻家,说到底其实就是关怀孩子敏感的内心,爱孩子,保护孩子内心对善良与美好的向往。

如何让教师的话走进学生的内心

我们努力让孩子在母育学校里养成细致的、善良的、敏感的、富有同情心的心灵。要让孩子不仅用头脑和理智，还要用心灵去认识客观世界。要让孩子富有爱心，比如看见有人折断了树枝、幼鸟不小心从窝里滚落到地上、花园里出现了被遗弃的小猫时，都要去关心。我们用很多时间给家长讲述，如何让孩子拥有同情心：对某人怜悯，对某人爱抚，对某人保护，对某人关心，为某种原因感到焦急，为某些事情感到悲伤。我的青年朋友们，父母亲的教育职能好似雕刻家最精细的刻刀，动作最为精巧。三十年的教学经验使我坚信，父母在学前不教育孩子，等孩子上学之后，仅靠学校的教育就为时已晚了。如果孩子在学前没有受到来自家庭的情感教育，他就不可能用心灵认识客观世界，也无法接受教师的教导。孩子能体会的，只是他听到和看到的事物的逻辑意义，但情感、心灵上的内涵，他们是无法理解的。

学校、家庭的教育中存在一个棘手的问题。为什么学生已开始学校生活一段时间了，但还是对教师的苦口婆心没有丝毫反应？为什么教师会迫不得已大声呵斥学生？入学一个多月了，孩子已经受到了来自教师的处分，被要求面壁思过，但为什么连这样做都无济于事呢？原因就在于缺乏情感教育。

我的青年朋友们，如果你们想让未来的学生能留意、理解你们的话语，你们就要关心他们的家庭情感关系是否和谐。道德怕心灵上的孤单，就像思想怕孤独一样。你们要让孩子的心灵同他人连接在一起，相互负有义务，相互爱慕、关心、尊重。学生的道德成长，在很大程度上取决于他是否愿意为他人奉献自己的心灵，不把自己封闭起来或狭隘地只顾自身利益。个人主义源于情感教育的缺乏。

你们要对未来的学生做家访（三年中可以对每个学生做两三次家访），去悉心观察，什么会使他们感到快乐：是长辈送的礼物，还是用自己微薄的力量帮了谁一个小忙。如果父母创造的幸福是孩子唯一的快乐源泉，情况就会很糟糕，孩子会变得麻木冷漠。你们可以和父母亲谈谈，如何帮孩子获取其他的快乐源泉：植树或种花，亲手栽培葡萄架、制作鱼缸、建立小书屋和可供父母休憩的安静小角落。你们关注这些小事,就是在帮助儿童的心灵道德逐渐变得高尚,给他们在学校中接受德育、智育、美育和情感教育打下良好的基础。

对于孩子学前阶段的品德培养,不应采用体罚的方法。任何"强行胁迫"的手段都是百害无一利的。用皮带抽打孩子的后背,用不理智的言语责骂孩子,就好比雕刻家雕刻作品时用的是生锈的斧头而不是精细的刻刀。体罚不仅是对人肉体上的暴力,更是对精神的摧残:皮带不仅会让孩子的脊背丧失知觉,还会让孩子的心灵麻木不仁。在家里受惯了体罚的孩子,在学校里对于良言善语也会置若罔闻。一些孩子因在幼年常被毒打而变得冷酷无情,脑海里充斥着暴力;幼年就要打人,成年即想杀人——犯罪、杀戮、残暴常常源自幼年的阴影。我任教于家长教育学校学前部已有十年之久,这项意义非凡的教育工作让我坚信,让父母亲在意识和心灵层面理解下述道理是至关重要的:在孩子幼年时期纯洁的内心里播下的一颗种子,在孩子成年以后会长成一棵参天巨树。这颗种子是否能健康成长,取决于在怎样的土壤里播下的是什么样的种子。如果在孩子的学前三年我仍没让他们的心灵变得敏感、和善,与邪恶和谎言势不两立,疾恶好善,那我就没有资格被称作一名人民教师。

如果你们想让你们的学生都学会自立，成为真正的人，就应让家长在孩子四五岁的时候就对他们进行劳动教育。孩子从学会拿勺吃饭的那一刻起，就应当从事劳动。饱含智慧的民间教育学教我理解了这个原则，我在我的教育工作中也在恪守这个原则。不要以为这是过早地胁迫孩子参加劳动。如果谁因为害怕而说道："太早了！"那这个人将来一定会捶胸顿足地后悔道："一切都来不及了。"我认为自己作为教师的职责，是鼓励父母、祖父母和孩子们一起在春季种亲人果树，例如，母亲的苹果树、父亲的葡萄藤、祖父的苹果树等等。当然，如果有孩子的哥哥姐姐帮助，这个任务会完成得更为出色，然后，他们会悉心照料苹果树和葡萄藤，他们向往着能给父母、祖父母带来幸福——用自己亲手种植的水果孝敬他们。

形象地说，这一切就是按照教师的话对土壤进行爱的开垦。用亲手栽培得到的果实来回报母亲、换来幸福感的学前孩子，与那些只懂得以消费换取快乐的人有着质的区别，他们对母亲这个词的含义也有着更为深刻的理解。我的青年朋友们，你们要明白，能在创造的过程中体会到快乐的孩子，才能用善良和温暖来教育，而非呵斥和处罚。

可能有一些教师朋友在此会有疑问：以教师的一己之力能做到这么全面吗？他能在保证日常教育工作的前提下，做好四至六岁学前阶段学生的入学准备工作吗？

我可以无比坚定地回答你们，是可以的：我们在工作中不会做那些没有实际意义的事，也就是说不做那些不会让我们的工作困难减轻的事情。关心孩子的学前教育，会让我们在学生入学后的学校教育工作中事半功倍。正是由于对学前工作的重视，我们的教育工作才变得更容易，我们的学校也因此避免了其他学校普遍存在的很多问题。据我了解，一些学校简直无法组织正常的教育活动。我所任教的学校里的学生不存在不服管教、厌恶学习这一类恶习。我们从未使用过体罚。这些骄人的成绩源于学校和家庭的共同努力，这种努力起到了决定性作用。我们从不命令家长们，你们一定要这么做，要严格执行我们的要求。相反，我们教师和家长好似两位相互协作的雕刻家，有着一样的奋斗目标，朝着一个方向前进，要知道，在创造人的工作中，两位雕刻家的立场不对立是至关重要的。

作为教育者的父亲和母亲如何做到行动统一

我们需要关心的是，父亲和母亲在和学校一起教育孩子时应拥有统一的教育理念，进一步而言就是父亲和母亲的要求统一，这种要求首先体现在对自我的要求上。要做到这一点，就要教会作为教育者的父母对孩子爱得睿智且刚柔并济。作为教师，我们要在不触碰个人权利的前提下，以巧妙的方式努力避免家长在这一最敏感的精神生活领域犯错。家长教育中不正确的爱会使孩子畸形发展。我们有多个实例表明，溺爱、强势的爱、用金钱购买的爱会给孩子带来极大的危害。

溺爱是父母和孩子的关系中最令人感到遗憾的。这是一种出于原始本能的、丝毫没有理智的爱，有时好似母鸡对鸡崽的爱。父母亲对孩子的所有行为都感到高兴和自豪，从不考虑这是什么举动，会造成何种后果。这种教育方式培养出的孩子不会理解人与人的交流里有"能""不能""应当"这类概念。他们觉得自己可以为所欲为。他们变得极其刁蛮任性，以近乎病态的方式生活着，生活中出现的一点点挫折，都会成为他们无力承担的重负，瞬间把他们压垮。用溺爱的教育方式培养出来的孩子，会成为极端自私自利的人。他们的思维里没有对父母的义务，不想也完全不会劳动，因为他们目中无人，内心感受不到其他的人——首先是母亲、父亲、祖母、祖父，心中仅有自己的愿望、需求和自己的精神世界。他们觉得自己活着、存在着，就是对父母的恩情。

你要同时和孩子的父亲母亲谈话，才能做到避免溺爱。在这里，我们谈论的是家长的情感教育问题，而情感是很细腻的东西，为了对年轻的家长们进行情感教育，我们学前阶段学生的父母亲不仅要在家长教育学校上课，还需参加特殊的实践课。在低年级（尤其是一到二年级）学生进行集体公益劳动的日子里，年轻的家长会帮我们一起工作。他们与我们一同指挥孩子的劳动，教孩子学会控制自己的欲望，热爱劳动，遵守集体纪律。家长与孩子教学相长。

家长的另一种爱也是一种出于本能的、不理智的爱，那就是强势的爱。这种爱源于家长的自私自利，是不文明的做法。他们对待孩子就像对待自己的物品：这张桌子属于我，我想摆在哪儿就摆在哪儿；这是我女儿，我想怎么教育就怎么教育，我让她做什么她就得做什么。我认识的一位父亲教育孩子的方式已经达到了如此地步：他给十五岁的女儿（在读八年级）买了一双崭新的皮鞋和一条漂亮的裙子。他把这些东西放在孩子的书桌上，对孩子说："期末考试各门学科成绩在4分以上，这些就都是你的；但只要有一门课是3分，你就休想碰它们一下！"

我的青年朋友们，社会上有一些人喜欢像皇帝一样管别人，并且乐此不疲。你们要知道，去教化这样的人相当复杂、极其困难。但身为教师，我们首先要做的就是教化这样的人。

任何一个家庭里都不可以出现吹毛求疵、态度恶劣、歇斯底里、怨天尤人等情况，在这样的氛围下成长的孩子会变得冷酷无情。我认为这些都是摧残孩子心灵的行为。你们在授课时应该说明，吹毛求疵会让本性善良的人变得胡作非为，而胡作非为会让正常的孩子失去善良、纯真、审慎、谦让所带来的心灵感动。这种心灵的感动就是爱抚。幼年时期没有受到过爱抚的人，在少年和青年时期会变得蛮横粗暴、无情无义。

你们或许听到过，有些家长心急如焚地说："孩子小时候善良、懂事、听话，但长大一些后却变得粗鲁刁蛮。为什么会出现这样的情况呢?"我们该如何给家长解释,该为家长提一些什么样的建议?我经过多次总结后得到了一个结论,那就是这种情况出现的根本原因是家长不善于使用家长的权威。面对这种情况,要和父母亲同时谈话,因为家长的智慧就是父母亲智慧的结合,是意志、情感和愿望的和谐统一。如果热爱孩子的两个家长不把智慧结合起来,那么家长的权威就会变得专横。只要孩子感觉到父亲和母亲对于"能""不能""应当"等概念存有不同的看法,那么,正确合理的事情在孩子看来也会是暴力和强制,是对他们自由的践踏。到了这时,父母就会手足无措:不打孩子的情况下,该如何教会孩子生活?没有皮带和棍棒的教育该怎么做?出现这种情况的原因,其实就是孩子把正确、合理、必须的要求也看成了压迫他们意志的恶劣行为。

还应防止家长对孩子的另一种不理智的爱——用金钱购买爱。有的父母坚定地认为,只要满足孩子的所有物质需要,那就完全尽到了当父母的责任和义务。孩子只要能吃饱穿暖、茁壮成长,有书看,有人教,那还有别的什么需要做的呢?这样的家长都觉得,父母给孩子的爱可以用物质的刻度来衡量。在少数情况下,学校会遇到一些在情感上铁石心肠的父亲,这些父亲不懂得什么是父母的爱。

我们遇到的母亲很少有这样的现象，她们普遍都能在日常生活中通过精神纽带和孩子联系在一起。道德情感上的铁石心肠、对自己孩子的冷酷无情，并不一定是因为父亲的教育水平低，这其实是因为这些父亲不把教育孩子这件事看成是一种社会义务。

为了防止这种恶劣现象的出现，就要告诫家长，特别是告诫父亲，让他们懂得教育孩子是父母的社会义务，他们应该为孩子的未来负责。

如果在家庭教育中，父亲理解的教育孩子是满足孩子的物质需要，而母亲又没能成为孩子精神生活的中心，那么孩子就会感到孤单寂寞、心灵空虚。他们生活在人群之中却又不了解人，这是这种家庭最危险的地方。孩子的心灵中缺乏与人交流的细腻情感，其中首先是爱抚、体贴、同情和仁慈。孩子有可能会变成情感上无知的人。对于这样的孩子，学校的教育义务格外重大：他们应接受教育机关专门的情感教育训练。这是理论教育学和实践教育学里出现的一系列问题。令人遗憾的是，教育理论中还没有解决这方面问题的内容，依旧没有任何人研究过如何培养情感，特别是如何教育那些在道德和情感方面受家庭环境的影响而陷入真空之中，没有丝毫个性特点的情感无知的孩子。

什么是情感教育训练

我们这里谈及的工作,都需要教师和家长协作完成。在这里,我们要讨论的不仅是孩子在家里有没有得到照顾和关怀的问题,还要讨论所有孩子的情感道德教育问题。

教会孩子体会和了解周围的人,用心灵去感受他们——这好似花园中最幽香的那朵花,它的名字就叫情感教育。我们应当用自己对孩子的爱去引导他们用心体会客观世界,关怀他人。关怀他人所创造和使用的一切,当然,首先要关怀人本身。我认为,培养孩子的高尚情操,要从他们对别人态度的人道化开始,要让这种态度饱含纯洁、高尚的情感,也就是尊重。而这一点,首先要从尊重父母做起。

从孩子走进学校大门的那一刻起,他就是学生了。在孩子刚开始学校生活的几年里,同家长的联系与合作至关重要。校长和教师同家长的个别谈话、协作思考、相互建议,都是必要的教育实践活动。学校和家长应一起研究,孩子应从事哪些活动，才能让他们从心灵上体会到他们生活在人群之中。

对低年级的学生，我们要和家长一起努力培养学生对人的热情。这种培养最有意义的地方在于，可以使孩子创造并关心美。这种美是人人都在享受的。所有能使孩子得到美感和快乐的东西，都有着神奇的教育力量。孩子为家庭、父母和其他人创造着美。

秋天我们要过玫瑰节。这首先是家庭的节日，也是学校的节日。在这个节日里，孩子们不需要聚在一起，过于正式的气氛会导致孩子丢失淳朴的情感，反而增加了很多非儿童本性的人为成分。我们的孩子主要是在家过节，但学校要为孩子的节日做准备。

在玫瑰节，每个孩子都要在家里的花园种玫瑰。学校要把花秧分发给孩子们，嘱咐他们照顾好这些花秧，为家人创造美、带来欢乐。孩子们种好玫瑰后要常常告诫他们：花儿的生长需要人们细心照料，要记得松土、浇水，保护花儿不被冻坏。孩子们还不习惯这些日常劳动，这些劳动还无法成为他们的兴趣。我跟孩子们说，他们种的玫瑰终将成为美丽的花朵。这一过程对孩子来说太过漫长，是一个遥不可及的未来，孩子们还不能做到耐心等待并为之付出努力，所以要通过劳动来教会他们。

就这样，第一朵花苞绽放了，紧接着第二朵、第三朵……它们都绽放了。红的、粉的、白的，鲜艳的花瓣在阳光下闪耀着。这时候，孩子们的脸上也都乐开了花。这不是家长用金钱买礼物能换来的快乐，不是想象旅行参观如何令人愉悦而感到的快乐，更不是闲散休息、无所事事那种所谓的快乐。这是为最深爱的家人——父母、祖父母做好事而产生的幸福和快乐。孩子们的心灵之所以为这样的好事而感到开心、幸福、感动，是因为这样的好事本身就是一种美。

当看到孩子摘下亲手种的玫瑰献给母亲的那一瞬间眼里闪耀的光芒，作为教师的我也感到无比幸福。在孩子欢快的眼神里，我看到了人性的纯洁。

这是为培养孩子的情感所必须做的工作之一。孩子们体会到为他人创造美所带来的最初的快乐，对美产生了新的认知和想象。他们把繁花盛开的苹果树、熟透了的一串串葡萄、平静沉思的菊花，都看作劳动和关心的体现。孩子们不会无故折断树枝、弄坏花朵。我的青年朋友们，我不是在用美的某种抽象说法把美"本身"理想化。只有当美充满崇高理想和人性时，美才能成为强大的教育力量。

当孩子们一年级的学习生活就要结束，即将升入二年级时，我们会和他们一起为老人建造一个敬老果园。这是为那些为社会工作了四十年、五十年、六十年、七十年，甚至八十年、九十年的老人们开辟的果园。我们通常会把一块贫瘠荒芜的土地变成一块沃土，种植葡萄藤、苹果树、梨树、李子树，建成敬老果园。有时我们要运来几十吨肥沃的淤泥，只有这样才能让土地焕发生机，所以这项劳动并不轻松。但这种劳动有着高尚的目标：我们要为人们带来快乐。通过这种方式得到的幸福是无以言表的。

等到敬老果园的第一批果实成熟了，孩子们就会请来同村敬爱的老人们。敬爱老人，是尊敬人最直接的体现。对老年人漠不关心，就是对社会的一种报复，这样的人通常粗鲁无情、穷凶极恶、心灵空虚、作奸犯科、无法无天。

我亲爱的青年朋友们，带领你们的学生在这条名为道德的阳光大道上走下去吧，这里的劳动充满高尚的精神，你们同样会看到，学生在给那些为社会奉献了半个世纪的人献上亲手栽培的果实时，心里会产生永不消散的美好印象，因为他们已经登上了道德发展的第一座高峰。孩子们在回报社会的过程中所体会到的快乐，是他们珍贵的精神财富；他们会懂得身边的同学、朋友和家人在何时何地需要得到帮助。孩子们会懂得生而为人要多行善事、造福社会，理解自身对他人的意义，他们会成为极富同情心的人，并对客观世界、对人类、对各种行为和人与人的相互关系充满同理心。

如何让孩子自主学习

我认为,要让孩子的脑力劳动人道化,让孩子们觉得他们的学习劳动是高尚的,是为了给亲爱的父母带来快乐,从而通过这种强大的力量来刺激孩子自觉地、勤奋地学习。对人热情、富有同情心的孩子会有明辨是非的能力。四年级学生科里亚有一天对我说:"我应当好好学习,因为我的妈妈有心脏病。"孩子知道,如果他的成绩不好,母亲的心就会感到难过。他觉得通过自己的学习劳动可以让母亲放心。

假如你想让孩子自主学习,并通过努力学习的方式带给父母快乐,那就要珍惜、爱护和发展他作为劳动者的自豪感,也就是让孩子看到和感受到自己学习带来的成绩。不能让孩子因为成绩落后或学习困难而感到悲伤和痛苦。孩子的乐观主义和自信,是把学校和家庭连接起来的绳索,是把父母吸引到学校的一块吸铁石。破坏孩子的乐观主义精神,好似在学校和家庭之间砌起了一道围墙。

保护孩子们的乐观主义精神，形象地说，就是要让父母守在孩子们知识的摇篮旁，参与到他们的学习中去，为他们获得的好成绩而高兴，打心底关心他们的成败。母亲教育学不仅仅是教育，还是教学。在孩子入学的前两年，我们学校就开始和家长一起进行有目的的计划和周密的合作，让孩子们学会读写与算术的基础知识。学前阶段的孩子每周要去学校一次（在学校学习开始的前半年，每周去两次），由即将教他们的教师陪他们一起学习。孩子们学字母、阅读和算术。不过，如果孩子在家里什么都不学，那么每周来学校学习一小时是什么都学不到的。在家长学校上课时，我们教父母和祖父母如何教孩子识字和算术，并设计了一些适用于家庭教学的有趣方法。这种方法的基础是：培养孩子对书籍和知识的强烈兴趣，使游戏和有目标的脑力劳动相结合，家长和孩子要经常进行思想交流。学校高年级学生还为识字和算术教学制作了专门的直观教具。我们学校的孩子在一年级就学会了阅读和算术，这大大减少了他们下一步的学习压力，让脑力劳动充满趣味。但，问题的关键还不仅限于此。为上学做准备还可以让家长和孩子的思想连接起来。父母通过关心孩子的成败，进而理解了一门细致微妙的学问，那就是尊重孩子想做一个好儿童的愿望。同时，学前教育还可以防止家长产生一种不正确的想法，认为"狠狠地压一下"，孩子的成绩就会好。我们努力让家长明白：学习成绩说明不了孩子道德品质的好坏。违反这一点就会深深伤害到孩子，甚至会摧残孩子的心灵。把成绩分数和道德品质混为一谈，就是无脑地追求表面上的数字。我们不可以把一切都归结为一个简单的评价：分数高，孩子就是好孩子；分数"不合格"，孩子就"不达标"。这是教育上最无知的观点，不懂得人是由多种特点、品质、能力、喜好构成的统一体。

遗憾的是，这样的观点在一些家庭和社会生活里已根深蒂固。我听过也读过大量这样的文章，其中贯穿着一个中心思想，那就是，3分说明没知识、不中用，这让我很生气。敬爱的教师们，请你们告诉自己，3分表示知识完全及格。如果所有教师在这件事上都持有正确观点——不及格的知识不会评定为3分，那么学生蒙混过关、弄虚作假的现象就会消失，家长也不会要求孩子去做那些孩子做不到的事情（令人遗憾的是，许多场合依旧如此）。要知道，不是所有孩子的能力都一样：一个孩子在学习上轻易能拿到5分或4分，但对另一个孩子来说，能拿到3分就已经很不错了。

如何随着孩子的成长和发展而加深对家长的教育工作

我们在家长学校的全部工作中贯彻了一系列的教育思想。我们认为,孩子的家庭精神生活和学校教学的和谐统一是至关重要的。教师应努力让父母做到,家庭中充满尊重科学、文化、书籍的思想精神。我们和家长一起开办图书日,旨在让家长丰富家庭小图书室的藏书。在家长教育学校授课过程中,和家长的个别谈话都会谈及家庭图书和家庭精神生活问题。我们努力培养孩子多方面的兴趣爱好,首先就是喜爱阅读。我们已经做到让不少家庭把傍晚前一小时作为读书时间,这段时间里,孩子们阅读的书籍主要来自家庭小图书室和学校的图书馆。

孩子们的自我教育对我们来说非常重要,而这种教育离不开家庭和书籍。我们努力让正在成长的孩子们学会珍惜和利用空闲时间,用发展精神需求的活动来充实它。

我们告诫父母,从孩子懂事的那一刻起,就要让孩子在心里树立、形成、巩固公民的优良品质。公民意识和情感发源于孩童时期；播撒在孩子心灵中的种子会生出茁壮的幼芽、扎下深深的根须。如何播撒公民意识的种子，公民意识又如何成长起来，这些问题对我们来说具有重大意义。我们告诫家长，在家庭集体和孩子的精神生活中反映出公共利益是十分重要的。要把关心公共利益、他人的利益深深植入孩子们的意识中，使他们的思想感情世界不局限于物质财富和精神财富的消费上。这里很有必要再重申一下，一个人的道德面貌在很大程度上取决于他在孩童时期感受到的快乐源泉在哪儿。生活中有很多机会能让孩子们关心那些看似与他们无关的事情。我们在帮助家长看到和感受到这种机会的时候，会告诫他们，教育就是创造。譬如，你家院子对面的街上有一棵濒临枯萎的小树，不知是谁在什么时候栽的，如果不去照顾它，它马上就会枯死。那么，你就要提醒你在读二年级的孩子，是否注意到了这棵树。如果不唤醒他心灵中的公民情感意识，他将永远看不到这棵树。要让你的孩子来照顾这棵树,给它浇水、施肥、除虫。然后，协助孩子再栽三棵树，让他体会到为人们做一件事而产生的幸福感和自豪感。年龄越大，孩子做的事就越有意义，而他做的这些事就是构成公民情感意识的现实基础。

在对家长的一系列教育工作中，我们还十分强调孩子的社会成熟性问题。学校和家庭力量的通力协作，对这个细致微妙、难以捉摸的问题有着重大意义。在这个问题上，没有家庭的协助，是什么事情都做不成的。如果研究孩子的社会成熟性脱离母亲教育学，同样是在浪费时间。孩子社会成熟性的主要来源就是对家庭收支的劳动贡献。不应让孩子在毕业前只当一名物质财富的消费者。这是导致一些青年"患"幼稚病的根本原因。我们和家长一起关注中、高年级学生的社会成熟性，努力让每个孩子都参加社会生产，认真从事社会劳动。这不是为了通常由学校设定的教育目的，而是为了物质目的——创造物质财富。正是由于这个更切合生活实际的教育目标，劳动就从具有某种学究式服役色彩的活动变成了生活本身的事业。在劳动中，学校教育的感觉越少，确切地说，是学究式教育的感觉越少，劳动的真正教育意义就越深刻。由于学校和家庭的教育目标一致，对孩子的劳动生活要求一致，我们形成了一个传统：

十二至十四岁的孩子，要挣到购买冬装所需的费用；

十四至十七岁的孩子，要挣到购买整年衣鞋所需的费用；

教科书和教学辅助材料，通常用学生十岁开始的劳动所得来购买。

一个人如何劳动，抱着什么样的目标去从事什么，决定了他有什么样的思想。如果学生时代的劳动成了教育的某种附属品，那就谈不上任何未来计划和职业方向。如果孩子们不认真对待劳动，我们甚至无法和他们的家长谈论他们的思维是否成熟，是否拥有作为公民的责任心以及如何为未来建立自己的家庭做精神准备等问题。

如何和家长一起领导孩子劳动

我再重申一次,把孩子的劳动活动纳入家庭的经济物质生活,使之成为不可缺少的有机组成部分,让父母把它看作孩子的神圣义务,这件事意义重大。如果不这样做,无论学校在孩子的教育上如何下功夫,都无济于事。如果父母努力让孩子的生活过得安逸,不需要他们劳动,那么学校精心安排的任何每周实习课、双周实习课、月实习课,对孩子来说都不会成为劳动,而是一种游戏,且是一种令他们厌恶的、想尽力摆脱的累赘游戏。劳动只有在成为一种经济需要时,才能被赋予教育的力量。如果是这样,那其他的一切问题就会迎刃而解:学习也是一种劳动,父亲患病不能工作这件事,也会让孩子像成年人那样认真思考。

在农村的学校里,解决孩子劳动的组织问题和教育问题是很容易的。我再重申一次,我们谈论的正是孩子的劳动。对于一个人来说,只有当劳动不是抽象的教育练习,而是缺少它就无法吃饱穿暖时,这个人才可以被称作真正的劳动者，成为真正意义上的人。我们和家长一起思考如何为孩子安排那些孩子可以做到且生产效率较高的劳动。七到八岁的孩子可以和母亲、姐姐、哥哥一起在养蚕小组劳动：采摘桑条，送到蚕架，并把它们分放在各个架子上，然后清扫垃圾；九到十岁的孩子除了参加养蚕小组的劳动，还可以为玉米挑选种子，采集菜籽，为田地施肥；十一到十二岁的孩子，可以晾晒干草、收摘蔬果、放牧牛羊。

大一些的孩子可以照顾牧场的牛，给牛喂饲料。一些十二到十四岁的孩子还可以驾驶农用拖拉机。青年男女们可以使用各种农业机器耕地、松土、播种、收割庄稼。

我的青年朋友们，或许你们会觉得，如此让孩子参加生产劳动有些操之过急。我也知道有些教师对我们的劳动教育有所顾虑：孩子们有休息时间吗？他们会不会负担太重？而我们从来都没有过这些顾虑。这种制度不是我们创造的。这些都是民间教育学的古老传统：孩子帮家长劳动，而家长在劳动中也不能没有孩子；当孩子学会用勺子把饭送入嘴中的时候，就在劳动了——不是为了练习劳动，而是孩子周围的任何人不劳动就无法生存下去。

民间教育对于孩子能做什么和不能做什么很明确。因为它把生活的智慧和父母的爱有机地结合在了一起。民间教育不惧怕劳动带来的疲乏，因为劳动不可能不付出汗水和努力。

主张劳动的民间教育有着神奇的教育力量，它让我们发现了教育智慧的新源泉，而仅在书本教育理论中是无法真正理解这一源泉的。我们坚信，只有通过付出汗水、努力和令人疲乏的劳动，才能使人的心灵变得敏感、温柔。只有通过劳动，人才可以用心灵去认识客观世界。参加劳动的孩子对人的看法和体会，是那些没有真正参加过劳动的人永远无法理解的。

如何通过劳动使孩子的心灵和人性高尚

我记得有一个叫卓娅的小女孩,母亲的溺爱使她变得刁蛮任性。后来母亲病倒了,身体长期虚弱,状况时好时坏。当时,卓娅就读的三年级计划去第聂伯河旅行五天。卓娅的母亲不顾身体病痛的折磨,来学校为女儿做行前准备。我费了很大力气才说服了这位母亲,卓娅不能去旅行:难道可以不顾病重的母亲去旅行吗?我把这个孩子从班里叫出来,告诉她不能去旅行了。卓娅听后放声大哭。

"难道你没有看到你妈妈的病已经非常严重了吗?"我问道,"你妈妈努力装作没病的样子,不会让你觉得不安吗?"

她莫名其妙地看了我一眼。

"我怎么可能知道?"卓娅漫不经心地说,"她没告诉我她病没病。"

不能和同学一起去旅行,她显然非常不满意。理智告诉她不能丢下母亲不管,可她的心灵没有一丝反应。

我付出了不止一年的时间来唤醒这个孩子的心灵。我从教育上首先关心的是，如何让卓娅体会到为母亲和同学劳动所带来的自豪感。见到她眼中出现作为人的这种自豪感时，我才断定，这个孩子身上的人性诞生了。

卓娅现在已经成年，是两个孩子的母亲了。她的大儿子正处在学前阶段，我们同卓娅一起对孩子进行着教育。

在我们共同建立的社会里，人与人应是朋友、手足。一个人只有在为他人的幸福奉献自己的心灵时，才会形成高尚的品德，只有奉献精神财富，才会收获精神财富。人与人的关系在劳动中展现得最为鲜明——一个人为另一个人而有所创造。劳动的概念无穷无尽，因为它是人类的概念。劳动不仅体现在人们种田、栽树的地方，最细致、最复杂的劳动还体现在一个人到另一个人那儿去，从他的眼神里看到、从内心体会到求助的声音。这种劳动是人类精神活动的最高阶段。为了达到这最高阶段，我们必须经历初级阶段，那就是为家庭的物质利益而劳动，为创造人的吃、穿、住（设备完善的住宅）所必需的物质财富而劳动。

如何与家长们一起教育未来的母亲和父亲

是的，必须与家长们一起教育未来的母亲和父亲。我们学校所培养的人，不仅是公民和劳动者，还是未来需要教育自己孩子的母亲和父亲。我们的教师集体还要关注一件事，那就是防止青年们对婚姻、爱情、生养孩子持有轻率、不严肃的态度。但是很可惜，在如今的年轻人中，这种态度还屡见不鲜。我们会让家长一起分担对这件事的担忧。在家长教育学校的课堂上，我们会告诉父母们，当孩子接近青春期时，有哪些任务会摆在家长们面前。在正视性本能的问题上，我们会尝试与父母达成共识、取得相同的信念。随后，当孩子们长成青年男女时，我们会与他们开展座谈会。男教师、父亲同男青年谈话，女教师、母亲同女青年谈话。多年的工作经验使我确信，这绝对是非常有必要的。可以说，这是同年轻的心灵进行的最细微、最小心同时又最有必要的接触。我们教会青年男女们生活，教会他们成为真正的人。这项任务只能由最细腻敏感、最富于人性的教育家们去做。

没有专门的"爱情科学",但是我们教会青年和家长们,有人性科学,谁掌握了它,谁才能在精神心理和道德审美上做好准备,建立人与人之间的崇高关系,创造新的人。爱情是对人性最严格的考验。但是,当一个人能够在儿童和少年时代把自己的精神力量奉献给别人时,他就已经通过了这门学科的第一次考试。

我的青年朋友们,我想建议你们:培养一个人进行最富有智慧的创造性劳动,即人的创造时,请从紧密联系和相互依存的角度去培养他们的智慧、意志和情感。在精神生活领域中,智慧和意志应该成为情感,即性吸引力的警觉守卫者。不要相信某些作家和宣传者的言论,他们认为人无法安排自己的感情,无法控制自己的欲望。这种论断其实是性放纵和"爱的自由"的柔软遮羞布。

我的青年朋友们,面对站在人生十字路口的青少年,请教给他们以下这些伟大的人类真理:爱——首先要对所爱之人的命运负责;在爱情中只知道寻欢作乐的人,是淫荡好色之人和恶徒;爱——意味着付出,是将自己的灵魂力量奉献给自己的挚爱,为所爱之人创造幸福。

请让你们的学生记住,其一生的道德纯洁度取决于男女婚前关系的性质，取决于这种关系中精神心理和道德审美元素所占的比例如何。

请不要害怕告诉青年男女们，什么是家庭生活，精神和物质是如何交织在其中的。我们经常告诫青年男女，不要让感情蒙蔽了对未来家庭物质财富的理性、清醒的想法。古人云："与心上人在一起，草棚也是天堂。"而如今，这句话已经不对了。如果连生活必需品都无法得到满足，那便不是天堂，而是一种痛苦。因此，我们要告诉青年男女，在考虑组建家庭之前，请先掌握专业知识，获得一份工作，真正立足于这个社会上。

在教育中，语言起到了极大的作用。但是，要使如何生活的教导性话语真正进入到青年人的心中，还需要许多条件。应当再重复一遍，只有那些从事劳动，并将为他人带来福利的愿望融入劳动中的人，只有那些已经体会到为他人创造幸福是快乐的人，才能真正拥有能够聆听语言的敏感心灵。语言能够到达青年人心灵最深处的条件是，当他进入青年时期早期时，也就是在少年时代，就已经具备了丰富的道德和劳动经验。教育者对青年灵魂施加教育影响的逻辑是：首先，唤醒心灵，使之体会到为人们创造幸福的快乐；随后，用激动、鼓舞人心的话语去引导。这样，积极的精神活动与话语就有机地融为一体。对培养未来的丈夫妻子、父亲母亲来说，这种融合尤为重要。学生的积极精神活动与教师在人类生活领域的话语的融合，则起源于世界上最干净的一条河流，那就是对女性的尊重。没有学校和家长的共同努力，这条河流将很快干涸、枯竭，为其供水的水源也将关闭。

作为教育者,教师需要具备哪些素养

康斯坦丁·乌申斯基曾说过:"在教育中,一切应当以受教育者的个性为基础,因为人的个性是教育力量的唯一源泉。任何规章制度和计划,任何人为的组织机构,无论其设计多么巧妙,都无法取代个性在教育事业中的作用。如果没有教育者对学生个性的直接影响,便不可能有深入性格的教育。只有个性才能影响个性的形成和发展,只有性格才能培养性格。"只要学校存在,乌申斯基的话就永远是不可动摇的真理。

生活使我们确信,受教育者是教育者的一面镜子。教育的艺术和技巧在于,要善于从受教育者身上看到我们自己,从我们从小培养出来的有思想、有情感、有经历的人身上看到自己。"有教养的人,是人的形象占主导地位的人。"卢那察尔斯基[1]的这句名言使我们不得不思考教师的真正作用。一个人的教养,不仅是他的知识,还是他这个

---

[1] 苏联文学家、教育家、政治家、美学家。

人形象的多面体现。教师人格的教育力量在于并且取决于教书和育人的有机融合。如果说，学校利用知识进行教育，那么知识的教育力量首先就在于教师的人格。

我的青年朋友们，从学生身上看到自己，并不意味着将知识从我们的头脑中机械地转移到学生的脑袋中。我们片刻都不能忘记这样一个事实，我们帮助学生了解周围世界的同时，自己也作为周围世界最重要的组成部分出现在别人的智慧和心灵面前。一个人认识世界，就不可能不认识自己。我们教给学生的知识，是与个人的人格密不可分的，它们与人的情感世界融为一体。在我看来，这种融合里隐藏着一个"秘密"，那就是在我们的教育教学工作中，将知识转化为信念，是人形成的过程中最难感知的时刻之一。事实上，学生对在学校获得知识的态度，在很大程度上取决于学生对作为知识之光的教师的态度。在一个热爱自己所教授学科的老师那里，学生也充满着对知识、科学和书籍的热爱。因为，教师的话语中不仅包含着学科的内涵和内容，还包含着思想的情感色彩。只有当学生面前出现的是一个热爱科学的人时，学生的情绪、情感才会被唤醒。

何谓热爱一门学科？这种热爱起源于哪儿？如何培养

起对科学的热爱？我坚定地认为，首先是教师必须拥有无穷无尽的精神财富。只有那些在课堂上仅阐述了自己所掌握知识的 1% 的老师，才是真正热爱自己学科的老师。教师的知识越丰富，他对知识、科学、书籍、脑力劳动、精神生活的个人态度就表现得越明显。这种精神财富就是教师对自己所教授学科和对科学、学校以及教育学的热爱。

热爱自己所教授学科的教师具备非常宝贵的素养。他不仅将实际知识传授给自己的学生，还唤醒了他们的求知欲。所有力求用知识和对学科的热爱来教育学生的教师都在努力做到这一点。他们把自己的人格对学生施加的影响，看作一个人把自己睿智、清晰的头脑和永不熄灭的求知欲传递给另一个人。在课堂上，教师只有在必修知识和超出教学大纲范围的知识间架起一座桥梁，然后带领学生在这座桥上走，才可以说教师掌握了用自己的人格影响班集体及学生的人格这一教育技巧。我把课堂上教给学生的基础知识看作种子，而强大的思想幼芽可以从中萌生出来，最后收获丰盛的果实——渴求知识，力求成为更聪明、发展更好、精神更丰富的人。如果没有这种收获，那么教学就会变成填鸭式，课堂就会变成对学过知识的检查，学生会变成机械背诵知识的听话机器。我相信，只有当学生的求知欲比他在课堂上学到的知识多得多,并且这种欲望成为鼓励他学习、掌握知识的主要动机之一时,教师才能成为知识之光,也就是真正的教育者。

我力求做到,在课程结束时,那些在翻耕得很好的土壤里种下的知识种子能开始长出精神生活丰富的果实,在这种生活中,我的学生们能从江河游向知识的海洋。如果教学仅局限于课堂、书本、从某页到某页的家庭作业,那我不可能成为一名教育者,知识也不会发挥其教育作用。只有在课后学生身上也能燃起无数热烈的求知欲的火花时,知识的种子才会萌发出强大的思想幼芽。

求知欲的火花首先产生于个人阅读中,在书籍的世界里获得丰富的精神财富(我们还会回到这个问题)时;其次产生于学习小组中。学习小组能使教师成为教育者,能使学生成为受教育者。我坚定地认为,如果缺乏这种精神生活的源头,上课将会变成将知识从教师头脑中转移到学生头脑中的枯燥无聊的搬运活动。我们所有人,无论是教师还是学生,都是科学知识海洋中的遨游者,我们都在准备有关科学最新成果的报告和报道,并评价科学杂志上的文章。

我的青年朋友们,我想建议你们:你们的知识、求知欲和阅读热情，都是你们人格教育力量的强大源泉。你们要善于处理这个源泉，并能够将学生引导到这个源泉附近。请你们成为自己所教科目的主宰者，让教学大纲和教科书只作为你们的基本知识，就像字母表之于已经掌握修辞学精髓的人一样。教师应当持之以恒地扩充自己的科学知识。此外，在你们的私人图书馆里，应当有许多你们所教科目的基础知识方面的书，这样，每个学生在四至五年的学习生涯中，每个月（有些学生可以是每周）都可以有一本新书阅读。教师要善于发现并培养自己的学生。请培养与你们在兴趣、爱好、志向、才能方面相近的年轻人；请在每个班级都培养对你们所教学科知识领域感兴趣的学生；无论是语文教师、历史教师、地理教师、生物教师，还是数学教师，请每位教师都拥有自己的学生。

学生对你们所教学科爱得越深，你们作为教师就越成功，在你们的个人人格中，教书和育人这两者也就越能有机地融为一体。缺乏教师人格对学生人格的直接影响，就不可能从实质上解决能力、志向、才能的培养问题。才能只能由才能来培养，志向只能由志向来培养，能力只能由能力来培养。

这里稍微插一句，优秀的教师是从在课桌前做学生起就开始培养的。而能够燃起学生对教师职业热爱的火花的，只有那些热爱孩子、拥有最大教育智慧的人。这种教育智慧是善于在青年的心中持续激发出成为好人的愿望，激发出今天比昨天更优秀的愿望，激发出学生内心的尊严感。

我的理想学校，是前面我们提到的那种学校，也就是每位教师都拥有自己的学生的学校。可能有人会问：如果每位教师都努力为自己的学生创造一个从某种程度上说比较特别的精神世界，那会不会削弱班集体和校集体呢？这里我想说，不仅不会有任何削弱的威胁，相反，每位教师拥有自己的学生——也就是后继有人，这才有可能是拥有教育力量的真正集体。

集体是教育的工具，如何建立集体，如何维系集体

儿童、青少年集体是非常复杂的统一体，如同由千万条小溪流汇聚而成的江河。集体，是逐渐建立起来的。我观察了三十二年一年级学生的生活，从一年级到四年级我教过不止一代人。因此，我想我有资格说，在儿童跨入学校大门后的一段时期内，班级中没有也不可能有我们通常所说的"集体"这个概念。有一种看法认为，集体是靠要求和组织制度来维系的，我觉得这种观点十分幼稚。当然，要求、责任心、服从和领导是维系集体的重要基础，但若是不存在其他与之同样重要的基础，集体就不可能存在。某些教师寄希望于在集体中选出领导者，并进行明确的职责分工，认为这样便可以构建出集体了，实际上这种方法是徒劳无功的。一般来说，对于学校集体这种极其复杂的精神共同体而言，没有哪一个因素是可以绝对化的。教师不可以做出通用的和绝对化的结论，比如这样做是对的，那样做是错的。集体并不是凭空产生的，它是教师创造的

结果。集体如同水滴,能够反映出教师的教育理想和世界观。

在我看来,形象地说,集体是建立在思想共同体、知识共同体、情感共同体和组织共同体这四大基石之上的。

集体的形成以及这些基石的奠定取决于教师。一般情况下,构成集体的各要素在儿童学习生涯的第一学年便已出现,但在另外一些情况下,出现的时间会更晚一些。此外,这些基石间相互依赖,一些基石的稳定与牢固取决于其他基石的稳定与牢固。例如,包含要求、服从、领导、管理、依附体制的组织共同体的建立,取决于思想共同体、知识共同体和情感共同体的和谐统一。因此,不要着急去建立像领导和服从这样的组织结构,更不要指望因为在班级中选出了学生领导机构,进行了责任分工,集体就可以自动产生。

我认为,集体的建立是从思想共同体的产生开始的,它是组织共同体的基石。我总是在儿童对于"善与恶"有了一致的观点、看法时,也就是所有儿童都拥有了明辨是非的能力时,才开始建立集体。对于建立集体的第一块基石而言,最重要的是让儿童努力去做好事、为善良而斗争、用集体活动去宣扬善良,同时也要让儿童疾恶如仇,用其能拥有的最大决心和意志力反对邪恶。只有当你成功地在儿童的思想和灵魂中树立起视善为美、疾恶如仇的意识时，你才算真正成了一名教育者。我力求使每个儿童都真正理解和感受到，只有在集体中才能真正彻底地为善良正义而战，这能带来巨大的愉悦感，能让每个人感受到自己的力量和自身的美，只有在和同伴并肩战斗的过程中才能真正了解其他人，也只有在这种情况下，人才会产生强大的精神需求，那就是对同伴的需求，对同伴的支持和帮助的需求。在领导别人之前，要先学会领导自己，督促自己去做良心所要求的事情。而要成为一个对良心感召敏感的人，首先应该成为一个对善与恶敏感的人。这种敏感性会在一个人已经具备为善斗争的道德经验时、在体会到这种斗争的快乐时产生，尽管可能那时候年纪还小，但已经可以被称为一个人了（这点永远不要忘记）。而这种快乐的产生，最开始可能仅仅是由于同集体一起创造了某种善良和美的事物。没有这一点，什么也不可能做成。

学生的年纪越大，其惩恶扬善的斗争就越有意义。我们的教师集体认为，让每个人在其儿童和少年时代就体验这种斗争是非常重要的。这首先是用自己的双手去劳动、去创造善良。在集体教育中，没有什么比"口头上热情""口头上仇恶"而实际上却无所作为更差劲的了。因为，在我们生活中的恶，首先就是懒惰、懈怠、对公共财产漠不关心、市侩习气。我们努力使学生产生为人民创造物质和精神财富的思想和信念，将儿童时代、少年时代和早期青年时代的集体成员联合在一起。在寸草不生的土地上培育出一片橡树林，将不毛之地变成肥沃的高产田地，这种劳动只有集体才能完成，同时，这种劳动也具有巨大的教育力量。正是这种劳动通过统一的信念和情感将人们联合在一起，正是这种劳动奠定了集体的基石——共同的思想和情感。当个体的力量聚集在一起时，学生们才会感觉和意识到集体力量的强大，才知道只有在集体中才能真正认识到人的美。

我的青年朋友们，你们要善于通过劳动将学生们联合起来，因为在劳动中鲜明体现了为人民服务、为人民的福祉贡献力量的重要思想。在我们身边，随处都是从事这种劳动的机会。比如，学生对路旁这片空地习以为常，对它变成了垃圾场视若无睹。你们需要做的，是让他们注意到这片空地，并且让他们意识到，如果将这片空地改造成一片小树林的话，就可以在炎炎夏日为疲惫的行人遮挡阳光，提供休息的场所。请记住，真正的理想教育的开始，就是让学生们为人们的幸福去进行集体劳动。在这种劳动中，集体所需的两大基石——思想共同体和情感共同体便牢牢结合在一起。同时，千万要注意，不要让学生中途放弃已经开始做的事情，半途而废会使人变坏，也不要让学生只知道耍嘴上功夫，埋怨这也不行、那也不好，别人那里好、我们这里不好，却从不知脚踏实地地去做好事。讲空话是无法进行教育的，集体是在实践活动中、在斗争中、在劳动中产生的。

构建集体的另一块基石是知识共同体。知识共同体并不意味着所有人应当具备相同的认知兴趣点，而恰恰相反，其意味着集体的成员应拥有不同的兴趣爱好，阅读大量不同的书籍。在知识共同体中，所有的成员都有求知欲，都尊重科学思想和书籍，尊重有知识和有教养的人。在我看来，一个集体中真正的知识共同体应该是这样的，比如说在七年级或八年级的三十五名学生中，有八个人热爱数学、喜欢数学老师，有七个人喜欢物理，八个人喜欢文学，九个人喜欢生物、土壤学、植物栽培学等等，这才是真正的知识共同体。在这样的共同体中，每位学生都有自己的爱好，有自己的"干劲儿"，每位学生都用自己的某种东西充实着集体。在充满各种各样爱好的氛围里，集体的精神生活便丰富了起来。无论在课前,还是在课后回家的路上,少年们都聚在一起争论着、梦想着未来。有意思的是,他们不仅谈论学习材料和教科书,课外的知识更使他们精神振奋。整个集体专注于丰富自身的知识,这是非常重要的。这种意识的强烈与否完全取决于历史、地理、数学、物理、生物和语文老师在多大程度上成为一名真正的教育者,他们在多大程度上用自己教授学科的智力财富赢得了学生的头脑和心灵。这种集体教育,首先是教师为赢得学生的心灵而展开的一项充满智慧的斗争。实际上,这需要在学校里建立若干智力活动中心,由充满智慧并热爱自己所教授学科的教师来进行领导。每个中心可以有自己的组织形式,比如在我们学校就是以学科小组的形式存在,当然,也可以有其他组织形式。

集体如何成为促进个性全面发展的工具

人是一个不可分割的整体，体现在道德、智力、情感、审美、创造等各个方面。只在一个集体中，是无法完全展示、表现并且发展这个整体的全部的，因为一个集体中各成员间的相互关系在组织上具有局限性。例如，作为基层组织的班集体就不可能完全解决人的个性全面发展这一项任务。就学科而言，有的学生喜爱研究数学，有的学生热爱生物，有的学生喜欢文学，还有的学生钟爱技术创造。此外，每位学生还有不止一项爱好，比如音乐、绘画、雕刻等等。随着年纪的不断增长，很多学生开始发展出独特的学习志趣，需要进行完全区别于他人的实践活动。而这些丰富多样的兴趣、爱好以及活动是班集体这样一种单一形式无法完全容纳的。我们在前面已经说过，教师称得上是一名教育者，他必定是学校中知识共同体的领导核心。因此，各学科小组是保障学生个性全面发展的最必要的集体形式之一。一般这些小组由六年级和七年级的学生组成，在某些精神生活丰富的学校里，也可以将四年级和五年级的学生纳入进来。这种学科小组一般是同龄人的集体，但也不排除七年级和八年级或八年级和九年级学生在同一个学科小组活动的可能。

除了对知识、科学和书籍的兴趣之外，学生还有许多其他方面的兴趣，比如劳动、创作等。劳动以及通过劳动进行创造是发展个人志向、能力、才干的重要方式。在我们学校有各种劳动创造小组，比如技术小组、农业小组。这些小组也是按年龄组建的，比如有三至四年级的少年机械小组、五至六年级的少年机械小组、六至七年级的少年无线电技术小组、一至二年级的少年园艺小组、三至四年级的少年园艺小组、五至七年级的少年育种小组、八至十年级的少年机械小组等等。每个小组的学生人数少则八至十人，多则十五至二十人。学科小组是一种非常稳定的联合体，有些小组已经有二十多年的历史。一些学生在某个小组活动两三年之后，就会转到年纪稍长一些的小组中去，一些年纪更小的学生就会来接替他们。劳动创造，也像知识共同体一样，是将学生联合起来形成集体的重要工具。

不论是学科小组还是劳动创造小组，都需要有自己的基础设施。对于学科小组来说，可以有思想室或者图书室，在这里，学生与书为友，度过一段最丰富、充实的精神生活时光。劳动创造小组则有工作室、实验室和活动室，学生们在这里完成各种劳动任务，比如设计、安装等等。学科小组的领导核心是教师，而劳动创造小组的领导核心可以是教师，也可以是高年级学生。这些就是保证进行课余活动这一原则的重要因素之一。

还有另外一种类型的小组，那就是文艺小组，如艺术活动、文学创作、音乐、戏剧、阅读等小组。在这里，学生可以充分展现自己的各种兴趣。这些兴趣不仅从美学方面，还从道德、情感和智力方面丰富了个人的精神生活。我们的教师集体坚定地认为，这些小组的活动能够对学生的心灵和智慧产生一种细腻温柔的触动，没有这些触动，就不可能有作为精神统一体的基层集体生活。因此，如果学生不积极参与这些集体活动，我们就会特别担心。

我们将这种集体称为艺术文化集体，我们认为这个名称最能反映这种集体所进行活动的本质。艺术文化集体甚至能将最年幼的学生都容纳进去，比如，我们学校有两个童话小组，一共有十五至二十个一年级儿童参加，小组组长是高年级的学生。通常，孩子们来到童话室后，高年级的学生给他们朗读或者讲述有趣的童话故事。孩子们有时候还会排演一些民间童话剧。在这里改编童话故事进行创作，是孩子们最感兴趣的活动形式之一。

对我们来说，在艺术文化集体里，儿童木偶剧院具有特别重要的地位，有四十多个低年级学生加入了这个集体，他们共分为三个小组。这个集体的领导者是高年级学生中的共青团员。

如何培养服从和领导的技能，以精神上的高要求进行教育

如果学生在众多集体（我所提到过的集体远不能代表全部）中都能实现个性的全面发展，那么就会出现这样一种情况：每位高年级学生都能成为领导者、教育者，许多少先队员也都将具备领导的经验。同时，领导是在活动中产生的，可以说是活动过程的产物。在大多数情况下，只有一个人展现出精通事物的才能时，他才会被选为领导者。孩子们很乐意服从于这样的领导者，因为这种情况下的服从，意味着希望今天比昨天更好。在学校中，如果缺乏一个共同的目标来鼓舞集体进行积极活动，那就谈不上服从和领导。在这里，非常重要的是，你用严格的精神要求对集体进行教育的活动，应该具备鲜明的社会意义和公民意识。

服从——首先意味着给自己下命令。这种精神上的行为要求高度的自觉性。一个人在少年时代，甚至是儿童时代，只有当他不仅了解到活动的意义，还了解其背后的情

感背景时，他才能真正理解活动的崇高目的（社会的、公民的目的永远是崇高的）。只有在情感上出现自我服从时，才有可能出现意志上的服从。简单来说，儿童和少年只有在服从自己的内心时，才会有意识地服从自己同学的话语。在这件细致的事情上，把领导者的意志建立在崇高的道德情感基础之上是非常重要的，换句话说，领导者要号召集体从事的活动，应该从本质上就是为社会、为大众服务的工作。在这里，我们看到了构建集体的各种基石——思想共同体、知识共同体、情感共同体和组织共同体之间的密切联系。

如果学生把将要进行的活动看作鼓舞其心灵、升华其精神的事情，他就不会做不服从领导者意志——命令或要求的事情，甚至连一丝这方面的想法都没有。因此，我向青年教师们建议：

要通过富有道德和理想的劳动去引导学生懂得服从。让领导者的要求或命令与学生自己良心的呼声融合在一起；让未来的社会公民在当下从事具有重大社会意义的劳动时就感受到自身的公民身份；让学生用同龄人和高年级同学的眼光来看待自己；让集体在自己的规则、规范和要求中体现社会理想。一旦我的学生集体可以分成一些特定的联合体（各类小组），能够独立地从事有意义的公益事业时，我就会努力使这些活动拥有明确的理想内核，从而使每个孩子理解且深刻感受到自己所从事活动的崇高性质。

如何激励人们不断发展道德、完善自身

在我看来,这是一个非常有意思却在青年教育工作领域中缺乏研究的问题之一。我们的教师集体创造出这样一条规则,可以用下面两句话简短概括:为了使一个人力求道德的完美以及自身的完善,他应该在自己周围的人身上看见这种美和完善。不与其他人交往交流,是无法培养出自身独特的品格的。为了培养自我意识,正如马克思所言:"人首先要学会以人为镜。名叫保罗的之所以把自己看作人,只是由于他把名叫保罗的人看作是与自己相同的。"学会像对待别人一样对待自己——这是集体中教育艺术的秘诀之一。但是很可惜,许多教育者没能领悟这一秘诀。

我们坚信:集体教育力量的源泉,首先存在于集体劳动的过程中。在丰富的集体精神生活中,人们能在自己同伴身上看到他昨天没有发现的东西,即发现人。形象地说,由于这个原因他看见了自己,评价自己,并且将今天的自己与昨天的自己进行对比:我昨天是怎样的,今天又是怎

样的。这便是集体精神生活中最重要的一点。在教育青年时，教师需要努力做到让自己的学生在同伴的眼神中看到被崇高理想鼓舞的光芒。教师要让最没有生机、看似最冷漠的人在看同伴的眼神时，就像在看一面能照出自己思想和志向的镜子。教师要让他惊奇地停住脚步，让他的内心燃烧起为自己的同伴感到骄傲的人性之火。要知道，只有做到这一点，你才能在学生的心灵中播下自我意识的种子。

因此，使集体受到劳动的崇高精神的鼓舞，对于开展教育工作意义重大。教师要善于用能使人变得崇高的工作将青年的思想和情感联系起来。请让每一个青年在自己同伴身上看到人性的美时，都要扪心自问：我达到这种美了吗？我能达到这种美吗？我明天能比今天更好吗？一个人的道德面貌是由他在多大程度上严格要求自己决定的，同样，年轻的心灵通往公民意识与美德的神圣之地的道路也是由此决定的。

青年是如何成熟起来的

我们经常会听见这样的争论：青春期是从什么时候开始的——是十四岁还是十六岁？近年来，出现了一种令学者们很不安的现象，那就是青年男女们身体上的发育速度增快，而在社会、心灵和道德方面的成长却十分滞后。

我们的教育集体坚定地认为，青春期始于十二三岁。如果你希望儿童能够成长为精神成熟的人，就要帮助他在公民道路上迈出成功的第一步。过于无忧无虑的童年和少年生活是导致孩子精神幼稚的根源。青少年应当关心生活本身。我说的关心指的是关心我们的人民、社会和祖国。要让青少年的心灵在青年初期就为周围的一切而感到担忧或激动。生活中的万事万物，无论是远在天边还是近在眼前，青少年们都应该感到与自己密切相关。让青少年们学会用公民视角去看待世界，这是教育智慧的顶峰之一。最重要的，就是让青少年们心系社会，把社会的事情看作自己的事情。

在实际生活中，如何做到这一点呢？

当你出现"我能为别人做些什么、能给予别人什么"这种想法时，公民意识便开始逐渐成熟起来。这是青少年精神财富最重要的来源。一个人，只有在十二三岁就已经获得自己的精神财富时，才能够用自己的智慧和心灵去理解世界。如果没有获得这种财富，老师的任何话语都无济于事，不会成为震荡心灵的炽热之火，不能让青少年们思考我为了什么而活着这样的问题，不会在思考谢尔盖·拉佐[1]的事迹时想到自己，不会因为自己接触到了伟大崇高的事物而感到心潮澎湃、肃然起敬。可能你们经常听见青少年教育者们这样抱怨：你跟他们讲崇高的事物，讲英雄主义、英勇刚毅、自我牺牲，他们却左耳朵进、右耳朵出……这些年轻人之所以会这样，是因为他们的心灵充斥着消费的快乐，实际上却十分空虚，缺乏为人们进行创造而获得快乐这种精神财富。

青年的精神财富是从童年、少年时期起一点点积累起来的。一个人在十二三岁时回首过去，就应该看到自己为他人做过什么，并为自己的劳动成果而感到骄傲和自豪。这种自豪感就是青年获得思想认同感的基础。

---

[1] 苏俄国内战争时期的英雄。

当我的少年朋友们十岁的时候，我们就决定为他人建一个葡萄园。我们面前有一片被灼热的阳光晒干了的毫无生机的土地，但这贫瘠的一公顷土地上却可以收获几吨的"阳光浆果"。我们是这样劳作的：清除杂草，挖上几百个坑，在每个坑里都施上塘泥和粪肥，还根据长者的建议把能杀死葡萄藤害虫的植物根部土壤放进坑里（这是一种民间"植物医学"）。我们还从别处运来几百吨土，因为需要在每一处葡萄藤周围筑上土埝，防止水分流失。对于教师来说，这是最苦难的一段时期，因为枯燥单调的体力劳动本身并不能带来任何愉悦感。那么，是什么促使少年们从事这项劳动的呢？是语言，而且是炽热的语言，这能够在少年们的心中点燃起以公民态度为人民服务的热情之火。

第一批葡萄藤开始变绿后，我们便可以欣赏自己的劳动成果了。现在我已经不担心高强度的体力劳动会摧垮少年们的精神，让他们产生轻视劳动的情绪了。我们的劳动才刚刚开始，随后而来的还有浇水、保护葡萄藤免受暴晒和严寒之类的工作。

时间慢慢流逝，葡萄藤的生长情况成为我们每个人最关切的事情。我们对土地产生了深厚的感情。当第一批果实成熟时，孩子们公民意识成熟的日子也随之而来。我们用这些葡萄招待小孩和老人,把这些"阳光浆果"送给病人,当人们对我们表示感谢、祝福的时候,我们的心里激动不已。

教育智慧的顶峰之一,就是让十三四岁的男孩女孩们听到别人对他们的真挚诚恳和人性表示感谢。很难找到比这些朴素的话语更具有鼓舞力量的了。我的学生们因为替别人创造了幸福而感到无与伦比的快乐。现在,这些炽热的话语已经进入他们的心中,成为鼓舞他们不断进行劳动的重要内在精神力量。我坚信,在这种情况下,他们中的每个人无论是在集体中还是个人独处时,都会表现出公民意识。

因此,我的青年朋友们,只有当自己的良心不允许对别人的事情漠不关心时,社会的事情才会变成个人的事情。

这片为人民所建的葡萄园,成了我的学生以公民的身份进行自我教育的场地,他们学会了用公民的视角去看待世界。在这个世界里,没有什么是与自己无关的,并不轻松的体力劳动从精神上锻炼了他们。我很高兴地看到,在那些日子里,当体力劳动强度非常大时,这些少年思考问题的方式也改变了,他们想的不再是能否战胜困难,而是如何战胜困难。

不要害怕困难，没有它就谈不上对青年进行理想教育

　　克服困难的过程能够培养英勇无畏的精神和人的高尚情操。克服困难不会让人的心灵变得冷酷无情，相反，会让人变得体贴温柔、宽厚仁慈，对待邪恶毫不妥协。

　　我们展现在学生面前的生活，绝不能是一帆风顺的坦途。年轻人，尤其是青年应该准备好迎接一切，准备好迎接最严峻的挑战。请将青年培养成英勇无畏、刻苦耐劳的人，只有这样，他们才能随时准备好迎接人生道路上的各种艰难险阻，而不至于一筹莫展、软弱无能。精神上的坚韧顽强与身体的结实耐劳是密不可分的。如果一个人在少年和青年早期就学会了如何克服困难，那他就能看见那些无所事事、娇生惯养、软弱无能的"妈妈的小宝宝"们所永远看不见的世界。

要保护青年内心激情的纯洁性

每当谈到青年教育的问题时，我总是一遍又一遍地强调公民的忧思之心。我的青年朋友们，要像害怕火那样惧怕冷漠无情。冷漠是最可怕的毒药，它能使人变成对任何事都漠不关心的庸人，始终信奉着自私自利者的卑鄙信条——"事不关己，高高挂起""各人自扫门前雪，莫管他人瓦上霜"。年轻人用自己的双手为他人创造的幸福越多，他们的心灵就越纯洁、高尚，能感受到别人的快乐与忧伤、社会的苦难和麻烦。这些年轻公民们会用好奇严苛的眼睛去观察周围世界，终日忙碌，不辞劳苦。他们高尚的心灵永远不会向邪恶、漠不关心公共利益以及损害人的尊严的现象妥协，他们会反对、抗议、表示愤慨。他们会敦促人们进行高尚、美好的，有时甚至是激进冒失的行为。

请记住，面对邪恶时的第一反应，是良知所唤醒的最本能的冲动，通常是最高尚的。不要压制良心的呼唤，不要用逻辑思维和理性推理去束缚青年的崇高激情。随着时间的流逝，成熟的智慧、深明大义、三思而后行就会顺其自然地出现。但是，如果青年不能用一颗忧思的心去发现周围的世界，也就是没有用心灵对世间的善恶进行复杂又痛苦的认识，那他内心很难产生对邪恶的愤懑之情，更不用说消灭邪恶的激情了。希望在你们那里，没有内心像鱼的心一样冰冷的青少年。请在评价良好行为的时候不要草率，要掌握好分寸。只要有一颗热情的心，就一定会有一颗冷静、理性的头脑，这一点不用担心。

冷漠，是心灵最令人发指的堕落，要竭力避免青年在以下情况中产生冷漠的态度：有时候，我们在生活中会碰到一种似乎没有源头的邪恶现象，它好像是一种不可避免的灾难——人们看到这种不幸的时候也只是同情地摇摇头，然后说："唉，有什么办法呢。"然后冷漠地离去。这种情况包含着极大的危险性。只要你有一两次对别人的苦难视而不见，你就会永远认为别人的痛苦和忧伤与己无关。

恰恰应该是在还没有明确的罪魁祸首时，就唤醒青年担忧的心，应该让他们心中燃起激情的火苗：我必须要做点儿什么，如果我就这么无视地走过去的话，我将成为一个可怜的利己主义者。这个火苗不是突然燃起的，受教育者对于这种与自己无关的事情在道德上所表现出来的关心和担忧，就是这火苗的燃料。

在一个雷雨天，集体农庄的羊群中走丢了二十只小羊羔。这些羊羔可能被暴雨冲进灌木丛或芦苇荡中去了，也有可能被困在了雨后形成的淤积湖中。这件不幸的事传到了我们学校。"来吧，孩子们，让我们一起出发去找吧，这些小羊羔多么弱小可怜……"我们带上了三天的口粮出发，前往第聂伯河沿岸一望无际的洼地。当我们拯救了一只又一只小羊羔时，我们的内心充满了喜悦和骄傲。我们被蚊子咬得浑身是包，也非常疲惫，但我们回来时却非常幸福，孩子们都觉得自己长大了，变结实了。我将这种集体行动称为心灵课，它唤醒了孩子们对于苦难、不幸、忧虑的敏感之心。假如没有这种心灵课，遇到这种事情时，孩子们会给出一个冷漠又看似公正的定论——没有我们也能解决。

在我看来，心灵课不是孤立于世界之外的特殊东西。我的青年朋友们，这就是公民生活，是别林斯基[1]怀着担忧未来的心所写下的社会共同利益中的大世界。

---

[1] 19世纪俄国杰出的思想家、文学评论家。

多年龄层集体并非空中楼阁

毫无疑问,物质经济关系可以生产出另一种类型的关系,那就是精神关系。构成物质经济关系本质的劳动越有趣,不同年龄层之间的受教育者们的精神联系就越紧密。只有当儿童、少年和青年们在同一个集体中工作,共同使用各种机器或机械,共同掌握复杂的实践技能和技巧,互相传授知识和经验——也就是产生精神联系的时候,劳动才会变得很有趣。缺乏对劳动的兴趣、缺乏求知欲、缺乏以掌握相对复杂的技能和技巧为前提的集体活动,作为教育工具的多年龄层集体是不可能建立起来的。但是,如果你们成功实现了不同年龄层受教育者们的劳动和精神生活的融合,那你们就拥有了能使集体对个人产生影响的重要源泉。

这种教育影响的本质在于,儿童和少年、少年和青年在兴趣、能力、志向、爱好方面的共同性把他们紧紧吸引在一起。同时,他们的个性特征也在具体的活动中表现出来。多年龄层集体的教育作用在于,在鲜明的榜样影响下,儿童和青少年们会意识到,他们希望成为什么样的人,他们会产生追寻理想和榜样的诉求。缺失了产生精神关系的引人入胜的劳动土壤,学生根本不会产生想要成为什么样的人的愿望,更不会被这种愿望所支配。

不同年龄层的劳动集体——也可以被称为创造性劳动集体,应当是学生们自愿加入的。不可以将某个学生和另外的学生强拉到一起。孩子们对各人的能力、爱好和志向是非常敏感的,他们从不会将对某项劳动没有兴趣的学生拉去参加该项作业队,比如机械师作业队或作物种植队。

此外,还有另一种类型的多年龄层集体。在暑假期间,我们的学生通常哪儿都不会去,因为乡村就有很舒适的休息条件。在每条街、每个"角落"(乌克兰语通常如此说),都有人民教育基地,这是我们对小型人民教育学校的称呼。这所学校的每个灵魂都热爱儿童,他们不是退休的生产老将,就是年轻的工人、集体农庄成员和普通职员。对于他们来说,同孩子们交流是一件非常快乐的事情,能够丰富他们的精神生活。在这个集体中,我们将这些人称为人民教育基地的保护者,他们所起到的教育作用十分巨大。只有美才能创造美,只有人才能培养人。

三十年的学校工作使我坚信,一个人进行自我教育最成功的时刻,是在他教育别人、关心别人的时刻。我们的教育集体追求的是,让每个受教育者在他们少年时期就表现出对小孩子的真诚关心。对儿童的体贴、关怀和担心,这些情感都是青少年集体中最崇高的情感基础。这些情感在活动中表露得越积极,男孩们的心就会变得越温存、越勇敢,女孩们的心也会变得越温柔。

想办法让受教育者同时成为教育者

我们的共青团组织在为人们打造草原上的美丽角时，一个小女孩突然加入了我们这个友好的大家庭，她叫娜塔莎，我们大家都亲切地叫她娜塔拉奇卡。小女孩住在村子里较偏远的地方，家里只有妈妈一个大人。三年前，娜塔拉奇卡得了一场重病，从此不能走路。春夏之际，妈妈就把她放在小车里，让她在苹果树底下待着。绿色的院子、苹果树、两个蜂箱、一口水井、棚子里的鹳、一条名叫帕里玛的狗和它所看护的几只兔子就是娜塔莎全部的世界。娜塔莎声音清脆，很爱说话，但是她的病使她看起来很忧伤。小女孩请求我们采一些她无法看到的花带给她。我们每个人都很心痛，难道小女孩就再也无法好起来了吗？给她治病的医生说，不能保证她能很快好起来，因为她的神经系统受到了严重损伤，双腿瘫痪。我们该怎么帮助你呢，娜塔拉奇卡？

我们想尽一切办法去为她做一些事情！我们把她宽敞

的房间布置成了一个真正的花园：我们种下了小枞树和小松树，还从学校的温室里移植了正在盛开的菊花，在窗户下栽种了玫瑰。一年之后，小女孩到了该上学的年纪，我们开始教她读书、画画。整个冬天，她的房间里都开满了鲜花。可是，她的面容依旧很苍白，身体也很虚弱。我看见吉娜和伽利亚从娜塔莎家回来的时候都默默地流泪。我们都盼望着春天赶紧到来。

春天一来到，当核桃树刚刚开始发芽，草原上刚刚盛开第一丛花时，我们就把娜塔拉奇卡放在小车里推到美丽角。小姑娘惊奇地观望着展现在她面前的新世界，所有的一切对她来说都是新鲜的：草原的雾气在山坡上游走，百灵鸟在歌唱，还有大个头的蝈蝈……男孩女孩们在美丽角搭建小木舍。我们在这里度过了假期里的每一天。

草原上有益健康的空气、清香的核桃叶、鲜红的西红柿、甜美多汁的西瓜、香甜爽口的苹果——所有这一切大约是对娜塔拉奇卡最有效的良药。她的脸颊渐渐红润起来，眼睛里也闪烁着快乐的光芒。两年之后，小女孩站起来了。医生说，能治病的不仅有药，还有快乐的情绪，对娜塔莎得的这种病来说，更是如此。

在两年半的时间里，同学们对这个生病的小女孩热心的照顾，具有无可比拟的教育作用。他们都学会了用心感受并理解那些往往看不出来的痛苦和不幸。我相信，如果一个集体能够关心小孩子，那么，他们对人类最大的不幸——孤独，也会非常敏感的。

请教育集体不要对孤独漠不关心

在娜塔拉奇卡还没站起来的时候,我的学生们又遇到了一件令他们震惊的不幸的事。有一次,我们从森林里回来时,遇到了一位老奶奶,她看着我们的时候,目光里充满沉思与忧郁。在村子里,我们遇到人时,不管是熟人还是陌生人,总会打声招呼。我们对她说晚上好,她回答我们:"祝你们健康,亲爱的。"我们听出她的声音里透出一股忧伤。

"为什么她的眼神如此悲伤?"其中一个小男孩问道。

"她一定很痛苦,是什么让她这么痛苦呢?"

一天之后,我们了解到了这位老奶奶的苦痛,并且深为震惊。她的丈夫、三个儿子和两个兄弟都在战争中英勇牺牲了,而前不久,她的母亲也去世了,这是她在世上唯一的亲人。现在,她在世上是孤独一人了。

这位名叫玛利亚的奶奶的不幸成了我们心中最大的苦痛。亲爱的老奶奶,我们可以怎样帮助您呢?"只要能够让您笑一笑，我们愿意把内心全部的温暖都给您。"科斯佳在知道了老奶奶的痛苦之后这么说道。

这一天终于到来了，玛利亚奶奶朝我们笑了。她是在想起了自己的儿子们时笑的。那一天，我们去她家里种下了六株葡萄和六棵玫瑰，以此纪念她的儿子、丈夫和兄弟。她开心地笑了，接着流下了眼泪，我们也跟着落泪了……因为我们从未遇到过一个母亲经历过如此巨大的痛苦。

我们想尽量减轻一些她的痛苦。我们深切地感受到，她不能独自待着，因为孤独会带给她更多的痛苦。我们的内心在暗示我们，我们安慰不了她，也没法劝她忘掉自己的痛苦。这种苦痛会永远留在她心里，直到她离开这个世界。

可看到男孩女孩们的时候，老奶奶就笑起来了。我们每天都去玛利亚奶奶那里，在她的美丽花园里劳动。玫瑰花开了，葡萄也成熟了。看着男孩女孩们的眼睛，听着他们叽叽喳喳地聊天，我发现在他们的内心深处，似乎有一种对这位老奶奶的愧疚感。他们生活愉悦，不时地开心大笑，可以望向太阳和晴朗的天空，而她的儿子们却在战争中牺牲了。这就是孩子们内心的感受。有这种感受是好还是不好呢？我心里想。当然是好的。有了这种任何人都无法言说的复杂情感，他们就能深刻体会到自己对那些为了他们的幸福而牺牲的人所负有的崇高责任。

对崇高责任的内心不安，纯洁而高尚的心灵震动，这些宝贵财富如果到成年后再去攫取，是无论如何也无法获得的。要在少年时期就去挖掘、创造这些财富，并且要像对待无价之宝一样去珍惜、保护它。

为此，我经常反复提出下面这条有益的建议：请教会你们的学生看见人，并教会他们把别人当成镜子，从中看见自己。请把这面镜子交给每一位少年，并教他们从中看到自己——这是教育智慧的高峰之一。如果你们希望青少年也能成为真正的教育者，就请教会他们在这面镜子中看到最细微、最隐秘、最不同寻常的特征吧！

教育学生不说空话

我之所以尤为关注这个话题,是因为说空话不仅损害一个人的心灵,还会腐蚀整个集体。如果存在说空话的现象,本质上就没有也不可能有具备思想共同体的集体。说空话就相当于不负责任地炫耀武器,把武器当成玩具,是从精神上解除人的武装。

同时,也要将谎言、伪装当成最丑恶的事物加以预防。请让诚实的品质自童年、少年时代起就成为男孩女孩们不可分割的一部分,成为他们的习惯;请让这种说实话的习惯成为他们的性格和天性。请教育你们的学生不要容忍夸夸其谈、鹦鹉学舌、空唱高调、自吹自擂的行为。

如何在实践中真正贯彻这些黄金准则呢?这里我们就要谈到自我教育的问题。多年的青少年教育经验使我相信,如果语言存在于人的心灵中,而不是变成空话,那么它将成为自我教育的强有力工具。要教育学生不说空话,不耍嘴皮子。我经常教育我的学生,如果你想做某一件事,但不确定是否能够做成,就永远不要说:我保证完成。而最好说:我会尽全力完成这件事。只要是说出口的目标,无论多难,都一定要完成,哪怕重做十遍,在别人面前也不要感到丢脸。

请不要忘记,自我教育的过程永远不是一帆风顺的。没有什么胜利比战胜自己的弱点更加辉煌。青少年教育者们,请记住,诚实首先是对别人诚实,同时也是对自己和自己的良心诚实。要诚实地评价自己:我能做什么,我不能做什么,我如何攀登上自我完善的高峰,我如何做到有一天有资格说我是我自己意志的主人。对所有这一切实事求是的评价就是诚实和真诚的基石。

靠劳动磨砺出的诚实的镜子能正确地反映出生活。请努力做到用劳动使你的语言和思想受到鼓舞,从而真正做到有一说一、说到做到。在这里不得不再重复一遍,在教育这项事业中一切都是互相联系的。诚实、正直以及对谎言毫不容忍的态度来源于劳动的伟大真理。有一句乌克兰古谚语是这样说的:"手上长着老茧的人,说的话都诚实。"劳动的心会奋起反抗谎言和不诚实。真理的根源存在于为公众谋福利的劳动中、为他人创造所带来的快乐中以及战胜困难的过程中。做一切事情都轻而易举、毫不费力的人,他们的思想也会像蝴蝶一样飘忽不定。而思想应该像高大的橡树一样坚强，像射出的箭一样有力，像烈火一样鲜明。正义的坚定性、思想的不可动摇性以及真理的明确性，都是从一个名为困难的泉眼中涌出来的。青少年应该知道什么是困难。一个了解了什么是困难的人，会十分重视诺言，不会容忍说空话这种行为。

如何让学生学会自我教育

个人与集体是同一事物的两个方面。没有个人的教育，集体的教育力量就无法展现，而对个人的教育离不开自我教育。我认为，在广义上，教育其实就是对集体的教育和个人的教育的统一，在对个人的教育中，自我教育是主要的方法之一。对一个人的教育，就是要使他严格要求自己。要想做到这一点，就不能总无时无刻地带领他，而要让他学会独立前行，让他懂得对自己负责，形成自己独有的生活态度。

如何切实做到这一点呢？

应当让人们自幼就对自身有着正确的认识并懂得进行自我教育。伟大的思想家、艺术家陀思妥耶夫斯基说过："要认识自己、约束自己、克制自己。"这是有关自我认识的至理名言。陶冶自身的情操，训练自身的思维与意志，形成稳固、独特的性格，都需要通过自我认识和自我控制来做到。

自我教育需要有重要且强有力的促进因素——自尊心，自我尊重和进取心。只有一个人的内心对建议、忠告和责备这类极其犀利而纯粹的教育手段反应敏感时，他才可以自我教育。如果一个人习惯了粗暴的喊叫，只对"强横"的言语有反应，自我教育也就无从谈起。事实上，自我教育的前提是人与人之间的相互信任，是让个人荣誉感和尊严发挥作用。教师要想引导学生学会自我教育，首先要与学生都坚信彼此是为了对方好。

根据多年的教育经验，我向教师们提出一条实际建议：要想让学生进行自我教育，就需要你们具有合格的教育作风。你们所在的集体中应该有安静的氛围，尽量不要让大声喊叫和易怒的情况发生。如果教师总对某些学生颇为气愤，并肆意宣泄这样的不良情绪，具体表现为大声斥责和随意惩罚学生，用最激烈的言语呵斥学生，这种做法绝不会让学生学会自我教育。对学生的呵斥、辱骂、责罚越多，你们的好言相劝他们就越听不进去，认真思考的能力就越得不到有效的发展。

我深信，正确的教育是没有惩罚的。这个结论绝非纸上谈兵，而是多年教学实践的总结。教师们，我想重申一次：我们在此谈论的是孩子，是关于惩罚孩子的问题。依靠惩罚的地方不会有自我教育，而缺少自我教育的教育就是不完整的教育。原因在于，惩罚学生，已经让他们从良心的自责中得以解脱，而良心是一个人进行自我教育的主要动力。一个人的良心不起作用，这个人就不会进行自我教育。学生受到惩罚后就会想：我完全没有必要再去思考自己的行为了，因为我已经受到了应有的惩罚。

我所任教的学校里曾发生过这样一件事。九岁的三年级学生克斯加用弹弓打麻雀。他打到了一只并把它捉住，然后折磨这只麻雀。他因此受到了教师的惩罚：三次不允许他和班集体一起去郊游。在第二次郊游之前，克斯加在课堂上皱着眉头，教师提出的问题他答非所问。整个班集体都去郊游，而克斯加却只能留在学校。他在茅屋的屋檐下抓了几只羽翼未丰的麻雀幼崽，并把它们放进了教师的讲桌里。第二周一上课（班级郊游是在休息日的前一天），教师发现讲桌里的几只麻雀幼崽几乎都没有了生命迹象。

我们该如何解释这样的残暴行为？为什么孩子在接受惩罚之后会变得冷酷残忍？原因在于"强横"的教育方法让他不去用大脑思考问题；他所难过的并不是他做了如此不体面的行为，而是他所遭受的惩罚。事实上，他已经逐渐忘记了自己不好的行为，而教育的逻辑是需要孩子认真反思自己所做出的行为。结果,孩子的思想倾向了坏的那一边。他感到无比的委屈,怨恨在他心里逐渐累积了起来。假如对他的惩罚有一丝的不公正,这种怨恨就会像雪山崩塌一样瞬间爆发,其猛烈程度是教师难以预料的。

我认为正确的教育应该是:孩子没有很严重的不良行为,没有不可饶恕的过错,只犯了一点儿小错,他就会感到深深的自责,把过失放在心上,受到良心的谴责——这是至关重要的。正确的教育在于防止孩子出现不可饶恕的过错。如何防止呢?这要从与孩子的个别谈话开始。

如何正确地与孩子进行个别谈话

应善于观察孩子们的生活,努力思索孩子们的行为与他们之间的关系,观察他们是如何与父母、老师交流的,如此你就会发现,孩子在本质上就有向你打开心扉、倾诉自己的感情和思想的内在需求。

但你必须要知道:你只有在任何时候都不请求或要求任何人来约束、驯服孩子,他才会真正地向你打开心门。例如,如果你想让学生的父母来迫使他好好表现,而且学生已经知道了你有这个想法,或者你故意让孩子知道你有这个想法,那么这一切都完了:不仅无法实现自我教育,就连班集体的正常秩序都难以维持。找家长谈话是必需的,但不能让孩子觉得教师是在把他们最亲的父母变成一种令人畏惧的东西。让孩子把一个人看成是可怕的怪物,这样的行为在教育工作中是绝对禁止的。应该让孩子们热爱父母和教师,而不是惧怕他们。要让孩子们有自己喜爱的人。孩子们发自内心的喜爱能驱散他们的不安和惶恐,带给他们安慰，帮助他们树立自信，保护他们的情感——首先是自尊得到保护，因为孩子的情感容易受到伤害，他们对肤浅、粗鲁的行为非常敏感。

我认为，如果一个教育工作者不能得到孩子们的敬爱，又如何能得到孩子们的信任和坦诚呢？这是不可思议的。

我还想建议教师们：不可以对孩子们的抱怨熟视无睹。不要把他们抱怨的行为看作背后说人坏话，更不要像我所认识的一位教师一样，把所有爱抱怨的孩子看成"爱哭又喜欢打小报告的人"。因为事实不是这样的。要善于倾听他们的抱怨，其实善于倾听孩子们的话就是一种令人敬佩的教育艺术。缺少这样的艺术，就不可能有自我教育。

你要让你的学生愿意接近你，向你吐露心声。你要温柔而仔细地触碰孩子们的心灵；只有温柔和仔细，才能让你通过与孩子们的交谈来启发他们进行自我教育。请你铭记，如果学校的氛围好，师生互相信任，那么学生一旦情绪不好，无法弄清楚心里的疑惑，不知道该如何面对问题时，他们就会主动来找你。要注意一点，或许你无法从孩子们激动的言语中理解他们的意思，但你要善于理解他们的言外之意。替孩子们保守他们的秘密是教育的基本原则，它关系着教育与自我教育这两个方面。

你要知道,孩子在向你倾诉的时候,说出的或许是他们面对的最困难、最复杂的问题。你或许会从中了解到他们不好的行为和那些需要成年人干预的学生之间的相互关系问题。面对这样的情形,你要保持耐心,要善于控制自己的情绪冲动,还要让自己的智慧充满火热的感情。孩子对你倾诉的结果,绝不是马上施加惩罚——这一点你要铭记。你要知道,在集体面前暴露学生的隐私和心事,会直接刺痛孩子幼小的心灵。

我再重复一次,一个学生若遭受了不幸、苦痛、糟心事,心里有委屈,感到不公平,或是内心惶恐、不知所措,此时的他是非常愿意向自己尊敬、爱戴的人吐露心声的。凡是诚实淳朴的人,在这种情形下都是非常局促、拘谨的。所以,要善于从学生的眼里看到他们内心世界中最细腻的心理活动,想办法与他们独处,从无数的言语中找到那个唯一的、最合适的说法,做到细致、聪明、有分寸地诱导他们向你倾诉。

一个孩子向你吐露了心声,就是你教育工作的成绩。但以后的情况如何发展,在很大程度上取决于他如何看待和感受你对他心灵所做的合乎人性的反应。

坦白地说,我敢拿我的生命担保:如果学生不想把自己的苦乐倾诉给教师，不想与教师坦诚相待，在此情况下谈论任何教育都是可笑的，也不可能存在任何教育。受教育者向他所敬爱的教育者敞开心扉，这是一个彼此促进思想和感情走向高尚的过程。当一个人倾诉自己内心的创伤时，他首先是在使自己的感情变得纯洁：原始的感情被更加细腻、高尚的感情所替代。就像人们在这种情形下说的，他在控制自己，而这正是一种促使他进行自我教育的微妙动力。所以，与自己最敬爱的教师进行信任的交换，能使人感到心情放松。与他人分享欢乐，欢乐就会增加一倍；与他人分享痛苦，痛苦就会减少一半。一个人敞开了自己的心扉，抒发了自己的思想感情，就会相信自己能消除不好的情绪，能进行自我教育。

每每想到我所任教的学校里仍有一些学生，其苦痛没有人分担，我就会感到难过。痛苦让人的内心备受折磨，使人的灵魂变得空虚。当我看到满面愁容、郁郁寡欢的孩子时，内心就会颤抖。自卑感是学生最大的痛苦：别的同学学习好，但是我却一无是处，我的运气很差，我的命运也就这样了吧……这样的自卑感越积越多，最后成了他心里的一块巨石，囚禁着他的灵魂。他想向别人道出自己的痛苦，但又羞于启齿。在家里，他沉默寡言；在学校里，他默不作声。年轻的朋友,你一定要认真观察这样的学生,帮他们消除这样的负担。想要做好这件事,首先要让他们开心起来:让他们看到自己的学习成绩在进步,因而产生自豪感……

如果你和你的学生成了朋友,互相信任,你从来没有过对学生不利的行为,没有为他们带来过痛苦或难过,那么,你就有能力在道德上指导他们进行自我教育,你的教导也会被看作生活经验产生的智慧。

自我教育还需要另一个不可或缺的因素,形象地说,这个因素存在于教育者和受教育者的意志之间,仿佛把教育和自我教育融为一体。这个因素就是,要使受教育者认识到自己处于成长阶段,并深刻地认识到:今天的自己比昨天进步了,人类的美德正在心中生长。这样的成长在很大程度上取决于受教育者自己,取决于他自身的意志。自我尊重、感受到自尊心,是认识到自己正在成长的美好伴侣。只有受教育者自我尊重,才能产生自我教育。学生越是尊重自己,你对他们道德上的教导和应该如何进行自我教育的引导,就越能深入他们的内心,他们接受起来就越迅速。如果学生不自重,他们就会对你的苦口婆心完全置之不理。

自尊是由什么决定的？如何培养自尊？年轻的朋友，请你铭记，它非常脆弱，要非常小心地对待它，要像摘下一朵玫瑰时，不让花上的一颗颗晶莹的露珠洒落一样小心。要想培养学生的自尊心，只能用温和的教育方法。自尊心的培养，绝不可用蛮横的、"强劲"的、"独断"的方法。我把自尊心称为孩子的知识内涵。这是他们心灵中柔软的一面，它随着思维、动机、意图的纯洁性而增长。在这，我们接触到的是学校里最有趣味、最值得重视、但又往往缺乏研究的问题，我指的是孩子的脑力劳动，更确切地说，是这种劳动在孩子情感中的反映，也就是他们的智力感。自尊心源自清晰的智力感，源自认知所带来的快乐。孩子知识内涵的源泉就在智力感中。如果学习的过程掺杂着不愉快，学生就会变得对自己漫不经心、不以为然，如此，自我教育更无从谈起。

教师作为教育者的重要任务，就是要保护好孩子心中智力感的火种，不让它熄灭，因为熄灭之后再想点燃它，就难上加难了。

综上所述，你的学生如果懂得自尊自重，珍惜你对他的每一句评语，那自我教育的种子就已经播种好了。此时，你可以教他们如何进行自我教育，你的教导一定有效。

自我教育包括道德、劳动与学习、体育与文化等多个方面。这些方面相互联系，因为自我教育的整个过程是头脑和心灵活动的统一，是情感和信念的统一。

如何激发学生在道德上进行自我教育

让学生认识到每个人都生活在人们的中间，是引导学生在道德上进行自我教育的主要动力。因为周围的人们都在看着我们；即使我们不在他们面前，他们依然能感受到我们的存在。我们所接触的客观世界的每一个事物，都会留下我们的痕迹。我们在与人交往的过程中所留下的痕迹是最明显的，有时这种痕迹是不可磨灭的。一个真正意义上的人，对于别人对他的看法和评价是不可能漠然置之的。不管我们在什么地方做什么，都要牢记，人们的目光总在注视着我们。人类生活中最卑劣不堪的东西，就是道德的不纯洁。设想一下：一个美丽的女孩用大量的时间梳理自己的秀发，想要自己变得更美丽，因为每个人都能看到她的头发；但她的脚却满是污垢，没有洗净，而她却对此无动于衷，因为她的脚藏在袜子里。道德的不纯洁正是如此：面对众人时冠冕堂皇，独自一人时却卑鄙肮脏——公众的道德观就是如此评价这种无耻陋习的。

要引导学生在道德上严于律己、审慎行事，要教诲学生学会自律。从孩子走进学校的那一刻起，我们就要这样教育他：如果你私下要做什么时，要明白，此时世上最令人敬仰的人——你的母亲——正牵挂着你。如果你做了不好的行为，希望谁都不知道，那就大错特错了。你不好的行为会让你的母亲非常痛苦。即使母亲不在你身边，她依然可以感受到你；她是与你同在的，即使她不在你身边。当你回到家里，她会从你的眼神里看出你做了不好的事。所以，你最好把自己不好的行为马上说出来。当然，你不做坏事最好。要记住，母亲永远在看着你。

谈到这，我想再一次说明，孩子对这些引导是否足够敏感且听得进去，取决于他的全部精神生活体系。首先要使热心、体贴他人、对母亲关怀备至，成为孩子精神世界的特点。想要让孩子学会自我教育，让他的良心机警地监督他的行为，就必须让他拥有一颗细腻敏感的心。我们是从基础的道德修养开始引导孩子进行道德方面的自我教育的。例如，你的学生怯生生地向四周看了一眼，然后偷偷从校园的花丛中摘下一朵花——这已是道德上的无知；他对身旁正在啼哭的孩子置之不理，这更糟糕——这就是道德上的冷漠无情。经过多年的努力，我们的教师团队一起

制订了一个道德修养的自我教育大纲。这一大纲让学生们在同他人的道德关系中,遵守以下要求:

◎要记住,世界上有些事物弥足珍贵,无可比拟。首先是我们的祖国,是赋予你生命并哺育你成长的祖国。

◎要记住,你生活在人们中间。你不是自己所想的那样,而是人们认为的那样。如果你自以为是,别人却觉得你微不足道,那你就是微不足道的。要勇敢地承认这一点,克服自身肤浅、微不足道的地方,学会成为一个真正的人。

◎私下独自一人的时候,不做坏事、丑事,没有卑鄙龌龊行为的人才是真正的人。在任何时候,你的良心都是你行为的监督者。这个监督者是公正、严厉、毫无私情的。

◎为别人做了好事,你就得到了最珍贵的财富。生活在世上为别人谋福利的人,是最富有、最幸福的人。不要忘记,世上只有人才能衡量财富、美和伟大。使别人高尚的同时,自己也会变得高尚。要记住,人固有一死,若死后能给世界留下什么的话,那就是他为人们所做的好事。

◎人类之美的最高体现就是女性。女孩不只是你的朋友,还会是未来的母亲。爱护她的美、珍惜她的健康,就是关怀整个人类的美和伟大。

◎人或许会沾染很多恶习,其中有二十种是最为可怕的:

对善恶无动于衷、懒散、口是心非、阿谀奉承、自吹自擂、缺乏信念、不问是非、执迷不悟、自高自大、爱说空话、爱撒谎、独自一人时行为不端正、背信弃义、不相信人性本善、伪善、幸灾乐祸、欺凌弱者、嘴馋贪吃、暴饮暴食、吝啬。要记住,这些恶习会积少成多,最终发展到极其严重的程度。不要纵容自身的恶习,要学习他人身上的优点,不学别人身上令人厌恶的缺点。要懂得珍惜自身的长处,改掉自身的恶习,要知道,脓疮永远都是脓疮,无论长在谁的身上。只有自私的人才会喜欢、纵容自身的缺点。

◎如果你发现自身已经出现了恶习的苗头,就要严格对待自己。要铲除恶习的祸根:要设身处地地面对善恶;用辛勤劳动戒掉懒散;以原则代替口是心非;用正直坦诚替代阿谀奉承;为了消除逢迎讨好,就算全世界都在反对你,也要勇敢地坚持真理;以独立思考替代缺乏主见;要敢于与谎言作斗争;有执迷不悟的做法,就要直面错误,接纳那些坚持真理、同你的错误作斗争的人给你的意见;有自高自大的缺点,就应学会谦虚谨慎,学会在不必要的时候对自己只字不提;如果傲慢,就应朴实又自重,这是人身上最珍贵的品德;爱说空话,就要学会恪守信用;好撒谎,就要坚决对抗谎言,诚恳踏实,一丝不苟;独自一人时行为不端正，就要首先把自己的良心看成最正直的审判者，并做到问心无愧；背信弃义，就要准备在别人向朋友瞄准时挺身而出，用自己的胸膛挡住敌人的子弹；不相信人的善良品质，就要无限信任人类美德的伟大力量；如果伪善，就应做到率真诚恳；如果幸灾乐祸，就应富有爱心；欺凌弱者，就要富有人道主义精神；嘴馋贪吃，就应有所节制；吝啬小气，就要慷慨大方。

◎如果你看到有人在作恶，而你的心里却萌生了这样的想法：这和我有什么关系？此时你要明白，这是动物本能发出的声音，它让你变得自私。不要纵容自己的本能，要消除它，要严苛地对待这种只顾自己的自私。

要记住，你是人。只要你曾经有一次对丑恶的行为视而不见，你就永远会这样，最终变成一个懦夫。

◎人类有很多高尚的品德，但有一种品德站在所有高尚品德的顶点，那就是自尊自重。

无论你在为真理而斗争中获得胜利，还是不得不承认错误，都要做到不卑不亢。

◎世上最珍贵的事物就是我们的祖国，这片土地赋予了你生命、给予你名字以及做人的尊严。

道德上自我教育的真谛是什么？

除了要有进取心和敏感的心灵之外，还有一点非常重要，我称之为对人的认知。一个人自幼在认识周围世界的同时，也该认识人——认识人的思想、感情、心灵活动、志趣和激情。教育和自我教育的融合开始于：一个人在认识人的时候，也在认识自己，在从另外的角度来观察自己。我们的教育中，最复杂的一项技能就是教师讲述人物传记。我会为每一届的学生讲述一位苏联英雄军人的故事。这位军人在二战中用自己的胸膛拯救了一个小女孩的生命。我也会讲我那两位同乡的故事，他们是青年游击队的英雄，在落入法西斯的魔掌后，丝毫没有泄露游击队的秘密，没有出卖自己的战友，他们受到了酷刑，最后被敌人活埋。我还为学生讲述那些在我们生活的大地上辛勤劳动了五十年、六十年甚至七十年的杰出劳动者的事迹。

我坚信，用头脑和心灵去认识道德，不仅应包含对美德的赞赏，还应包含对丑恶的愤怒。我从世界名著中选择了一些人物形象，在他们身上，天才的艺术家们细致刻画了人类的恶习。通过讲伊阿古[1]和尤杜什卡·戈洛夫廖夫[2]、

---

[1] 莎士比亚戏剧《奥塞罗》中的反面人物。
[2] 俄国作家萨尔蒂科夫·谢德林的作品《戈洛夫廖夫老爷们》中的主人公，本名波尔菲里，是冷酷无情、唯利是图的典型。

高布赛克[1]和泼留希金[2]的故事，我唤起了孩子们对丑恶不妥协、不容忍的情感。经常认识人，可以促使一个人自幼就能体会到道德的意义。孩子在思考人的时候，就会希望自己有好的行为；好的行为能在道德上给予他很大的满足感，让他感到快乐。这种思想情感又会反过来促使孩子对善恶更加敏感，对一切贬低人的事物毫不容忍。让孩子自幼就勇敢地同丑恶现象作斗争，显示出自己的原则，感受到善良所带来的胜利，体会到自己参与了这一胜利，因此自己也胜利了，并感到无比开心——这对于教育者和受教育者都非常重要。

朋友，请记住，要想引导学生进行自我教育，教师就要用言语细致地触动他内心最深处的弦——荣誉、尊严和高尚的气度。

要善于了解并观察孩子的心灵在何时需要这样的触动。这样的时机，一般出现在孩子面前出现两条路、面临抉择的时候：走第一条路，就要纵容、默许丑恶；走第二

---

[1] 法国作家巴尔扎克的小说《高布赛克》中的主人公，是典型的守财奴。
[2] 俄国作家果戈里的代表作《死魂灵》里塑造的典型的吝啬鬼形象。

条路，就要与丑恶斗争到底。尽管在成年人的角度看来实际情况并不复杂，但选择第二条路，往往需要孩子在思想上高度紧张，需要付出强大的精神力量。

如何引导学生在劳动和学习的过程中进行自我教育

为此,首先要在学校和家庭中都保持良好的劳动氛围。无论在课上还是在家里,如果孩子无所事事,那么教导孩子通过劳动进行自我教育就无从谈起。

一些普遍性的教导,对各年龄段的人都是珍贵的。在我们的教师团队里,这些教导如下:

◎要记住:不劳动的人会慢慢退化,变成低等生物。

◎俗话说得好:看一个人种植的小麦,就能了解这个人的品行。你的劳动展现了你这个人。你栽培的树,就象征着你这个人,代表着你热爱劳动和你的本事。你学习的笔记本,就代表着你和你的劳动,代表着你对父母应尽的义务。

◎在学校学习的时候,你向你的长辈借了你生活所必需的物质财富。父母资助你的吃穿,为你买课本和教具,供你学习,让你为未来走向社会做准备。你所要做的,就是尽早开始参加生产劳动,帮助家人,挣钱给自己买衣服、鞋子和课本。

◎你要知道，劳动并不轻松。劳动和困难这两个词常常相伴出现。劳动会让人的体力下降、精神紧张，流汗和疲惫。劳动不似游戏、娱乐那样富有趣味。劳动的趣味体现在另一方面：一个人把自己的智慧和力量投入到工作中，能创造出有意义的、美好的事物，并通过这些来表现自己的才能。一个人只能活七八十岁，而他栽培的橡树能活七百年，甚至一千年。在劳动中留下你的成果吧，这样你会幸福的。

◎要学会在劳动的初始就预见它的结果。不要怕枯燥，不要因为今天、明天、甚至一整个月都从事同样的劳动就被吓跑。劳动的过程就好比在爬山，不经历崎岖的险路，就无法到达胜利的顶峰。

◎劳动让人变得成熟、勇敢。最好从六岁就开始做一件需要多年才能完成的事。要这样安排自己的生活：到十岁的时候，回首过去，你可以看到自己亲手创造的成果，例如，你种下的果树结出了果实，你把寸草不生的荒地改造成了一片沃土。当你用双手劳动，懂得什么是辛勤的汗水，体会到劳动的艰苦，手上出现老茧的时候，科学的智慧就会在你面前展现出它们真正的光芒。

◎只有当你学会把双手的技巧和大脑的智慧结合在一起来克服工作的困难时,对你而言,学习才会成为劳动,你才会在掌握知识的过程中驾轻就熟。只有在工作中善于动脑的人,才能体会到思维活动的秘密。要知道,像牛顿、爱因斯坦那样生下来就有着超人天赋的人少之又少。你要做最差的打算:你没有过人的天赋。你要用劳动和创造来发展你后天的能力。

◎不要半途而废,要坚持到底。如果你有了半途而废、偷工减料的习惯,你就会成为一个无所事事、不学无术的人。

◎学海无涯苦作舟。同样的工作可以反复做几十次,还要一次比一次做得更好。要把自己培养成能手,学会对自己现有的成绩不满足。专业有上百种,你不能全部都掌握,可以只掌握其中的一种,但要掌握得非常精通。

这些教导只有在一定的条件下才能对学生发挥作用。要是学校里缺乏轻松愉悦的劳动氛围,这些教导也就无从谈起,学生甚至会不理解,仿佛你在用他们完全听不懂的语言同他们谈话。学校里应充满劳动的欢乐氛围。劳动的欢乐是什么?就是劳动中的表现,就是一个人在赞叹自己亲手创造的事物,从中领会到自身的才能和付出的努力,体会到单调、枯燥的劳动里所蕴含的复杂的精神。要把劳动变成自我教育的一个领域（在劳动的过程中不进行自我教育，自我教育就不会存在），就必须让学生们体会到劳动的欢乐，使劳动成为他们的创造活动。在劳动中发现自己的能力是一个漫长的过程，需要很多年，直到选定了立志献身的事业为止。

只有个性在劳动中得到发挥时，我们才会从劳动中体会到快乐、创造，并发现自己的才能。劳动过程中的自我教育，不只是去收获土豆，去收集铜铁废料，而是要深入、全面地认识自己，让大脑和双手相互配合，自觉地提出正确的目标并克服困难。我重申一遍，没有紧张的思维活动、没有智力的创造活动、不广泛阅读课外书、不超出教学大纲的基本范围（超出这一范围，学生的志向才开始形成），劳动中就不可能出现自我教育。假如课堂教学单调枯燥，学生们就无法从教师热烈的言语中感受到广阔的知识海洋对他们的召唤，或是不响应这一召唤，那么劳动中的自我教育同样是不存在的。

如果一切条件都已具备，就可以为学生安排这样的劳动任务，它能唤起他们对这项任务的热爱，让他们的精神感到振奋，希望自己的知识不断增长。例如，你的某个学生对土壤的实验有着浓厚的兴趣:你在讲述土壤中发生的复杂生物化学过程时,发现他的眼里闪烁着求知的光芒。你的学校里有生物实验室和温室,你可以为这个学生分配一块地方,使他对实验产生兴趣:一块寸草不生的土地可以变得富有生机。你和他一起把有益微生物植入土壤,在你的引导下,你的学生为微生物的生命活动创造了有利的条件。自我教育就此开始:这个孩子与生物实验已经难舍难分。他长时间坐在放着土壤的箱子旁,观察试管和显微镜,看书到深夜。此时的他不需要任何引导,因为他热情高涨。现在,你要做的就是让他的热情持续下去。教师必须细致合理地引导学生的兴趣,并让他的兴趣持续下去。

如何在脑力劳动中培养自律精神

我们给七年级以上的高年级学生提出了一些建议,例如:读书、思考、完成智力上的练习。这些建议关系到他们精神生活中很重要的一方面。这些建议的效果怎样,由很多前提条件决定,其中最主要的是:在学校里,首先是在教师团队中,要保持对知识的浓厚兴趣;让课堂教学以多种智力生活为基础;教师的知识储备要远超过教学的需要;要让每个学生都有智力方面的爱好。如果能做到这些,学生就很容易接受在脑力劳动中进行关于自律的引导。在这方面,我们认为以下条件是必要的:

◎如果你想获得足够的时间,那就要每天都读书。每天至少阅读两页以上你喜欢的学科(你的选修课)的学术著作。你的阅读是在为你的学习打基础。基础越牢靠,学习越容易。你每天读的书越多,你所储备的时间就越多。因为你阅读的书籍与你在课上所学习的内容有成千上万的交集。这些交集就是我们所说的记忆之锚。这些记忆之锚把我们必须了解的知识系在人类知识的海洋里。要迫使自己每天都阅读,不要从今天拖到明天。今天丢掉的东西,明天绝对无法再弥补。

◎要善于倾听教师讲课。九年级和十年级的学生对于重要的课程,不管教科书里面有没有附加材料,都要做摘要笔记。做笔记能训练你的思考能力,检查你的知识总结能力。要学会在课上做摘要笔记,每天至少需要花半小时整理笔记。我建议把摘要笔记分成两部分(也就是两栏):第一栏记录课程摘要,第二栏记录需要思考的问题,包括那些较关键的、主要的问题。这些问题好比是同一门课的知识大厦中相互联系的构架。要每天思考这种构架性的问题,并把这样的思考和每天阅读科学著作结合起来。如果你的每一门课都按照这个建议做,就不需要搞"突击"日了。考试之前不需要反复阅读、背诵所有笔记。各门课的构架就是一种大纲,在它的基础上可以想起全部教材内容。

◎要在早上六点开始一天的学习。五点半起床,做操,喝一杯牛奶,吃些面包,然后开始学习。在上课前进行一个半到两个小时的脑力劳动,这是脑力劳动的最佳时间。在早上的几个小时里,要做最复杂、最富创造性的活动,思考重要的理论问题,阅读、研究晦涩的文章,草拟介绍性的学术报告。你的研究性脑力劳动也应在早上进行，因此你不必熬夜。要在晚上十二点以前至少能睡两个小时，这样的睡眠时间有益于健康。

◎要善于规划自己的脑力劳动。我指的是要分清楚主次。在规划时间时，不要让次要的事情把主要的事情挤到后面去。主要的事情每天都要做。要选定对于形成你的才能有着决定意义的那些重要的科学问题，这些问题在你早上的脑力劳动中要占第一位。要善于为主要科学问题选择书籍和科学论文，并长时间研究这些书籍和论文。

◎要善于鼓舞自己。脑力劳动中有许多工作并非那么有趣，让人愿意去做，唯一的动力往往只是需要去做。你的脑力劳动正是应该从这些不那么有趣的工作开始。要细心研究这些问题的细节，使需要这样做逐渐变成我想这样做。把最有趣的部分留到最后去做。

◎书籍的数量无穷尽。要严格筛选打算阅读的书籍和杂志。求知欲强和好学的人，什么都想读，但是读完所有的书是绝对不可能的。要善于规划阅读的范围，去除一些会扰乱学习制度的东西。但同时要记住，你随时都可能需要读一本不在计划以内的新书，所以需要有空余时间。这些空余时间是靠在课上认真听课、善于做笔记和不搞"突击"日来赢得的。

◎要善于约束自己。你要做的事情很多,有业余娱乐活动小组、体育活动小组、舞蹈晚会,许多这类活动都是非常有趣的,但这些活动可能会给你带来一些害处,所以要善于当机立断。休息和娱乐是必需的,但不应该忘记主要的东西:首先要把劳动放在第一位,而不是把跳舞和休息放在第一位。我建议高年级的学生下象棋和阅读文艺书籍,以此作为休息。在安静的氛围里下象棋,是振奋神经系统和训练思维的好方法。

◎不要把时间浪费在琐事上,不要无所事事、虚度光阴。经常有这样的情况:几个小伙子聚在一起"闲聊",一个小时过去了,什么都没做,这样的闲聊不会产生任何智慧,而时间却一去不返。要善于把和同学的交谈变成在精神上丰富自己的源泉。

◎要学会减轻自己将来的脑力劳动,也就是为未来储备时间。为此,要养成做笔记的好习惯。我现在大约有四十个笔记本,每一本都用来记录鲜明的、似乎是一掠而过的思想(这样的思想"习惯于"在头脑中一闪而过)。我把阅读过的最有趣的东西也都记录在笔记本里。这一切在未来都会有用,会减轻你的脑力劳动。要建立一套笔记系统,保存好你从书籍里得到的知识。

◎做任何事都要合理地进行脑力劳动。要避免老一套和刻板的公式。要不惜花费时间深入地认识你所接触的客观事实、现象和规律的实质。你思考得越多,记忆就越牢靠。在没有理解以前,不要死记硬背,因为这只会让你白白浪费时间。已经熟悉的东西,不必反复重读,只要浏览一下就可以了。对那些还未理解的东西,千万不要轻率地浏览过去。所有不求甚解的态度,都会让你将来不得不多次重复研究某些事实、现象和规律。

◎在受打扰的情况下从事脑力劳动是不会有效果的。在集中精力从事脑力劳动的时间,每个人都应完全独立地、安静地工作。最好在读书室、阅览室里学习,因为在那里大家都遵守制度。

◎脑力劳动要求抽象思维和形象思维交替进行。要穿插阅读科学书籍和小说。

◎要克服不好的习惯(例如,必须先坐十五分钟才能开始学习;翻阅你不打算读的书籍;睡醒后仍在床上不起来,等等)。

◎明天是勤劳最危险的敌人。任何时候都不要把今天应该完成的工作放到明天去做。要养成今天完成明天一部分工作的习惯,这会成为你有效的内在动力,并会决定你的整个未来。

◎任何时候都不要停止你的脑力劳动。即使在夏天也不要丢下你的书本[1],每天要增加一些宝贵的知识——这是你将来进行脑力劳动所需时间的来源。要记住,你的知识储备越丰富,你就越容易掌握新的知识。

---

[1] 苏联全日制普通教育学校的长假在夏天,大概有两个月。

如何在体育中唤醒学生的自我教育意识

体育、智育、情感教育、美育和劳动教育应当被视为一体且相互依赖。体育是丰富精神生活、充实智力财富的基本条件，同时，体育会使人的其他一切方面变得高尚。

在我们教育集体的工作中贯穿着这样一条"红线"，那就是体育教育和自我教育是相统一的。如果我们的受教育者不能从小就自我教育，很难想象他们的身心是健康发展的。

我们坚信，体育教育和自我教育的统一是自幼时开始的，并且与民间教育学的理念密切相关：当孩子刚刚学会拿起勺子从盘子里舀起食物送到口中时，就要让他劳动。我们要努力做到让孩子们边劳动边思考，边思考边劳动。只有这样，他们才能真正理解体育的含义，才能真正感觉到自己充满力量，才能懂得健康的灵魂来源于健康的身体，才能善于用精神力量去增强自己的身体素质。如果我们的孩子没有从小劳动，那任何有关在体育中进行自我教育的教导便很难进入他们的头脑和心灵。但是，因为我们的孩子从小就是劳动者，所以他们能非常敏感并且充满兴趣地理解我们的教导，并按照我们的建议去做。以下就是我们关于在体育中进行自我教育的相关建议：

◎健康，意味着精神生活的充实、快乐以及头脑清楚。你的健康取决于你自己的双手。

◎健康非常重要的源泉就是我们周围的自然：空气、阳光、水、夏季的炎热、冬天的寒冷、阴凉的小树林以及长满三叶草的草地。要在大自然中生活和劳动，在日出前早早起床。夏季日出时间很早，但你仍然应该在日出前起床，走到田野里，呼吸新鲜空气，用露水洗洗手和脸，这样的水才真正是童话里的"仙水"。空气中充满着花香和成熟的农作物的香味，这对健康是非常有益的。谁在夏天呼吸了这样的空气，谁就永远不会轻易得肺病。

◎要给自己树立这样一条规矩：每天一从梦中醒来，就立刻做早操，夏天最好睡在院子里的干草或新鲜的谷草上（刚脱完粒）。因为干草和新鲜谷草分泌的植物杀菌素能预防流感。

◎敦促自己每天早上用冷水擦身。在秋天出现冰冻前，尽量多在池塘里洗澡。冬天用雪擦脚和腿（至膝盖），直到从脚到膝盖都感觉到发热为止。不要害怕赤脚在雪地里走上几分钟,这对于脚和全身机能都是很好的锻炼。

◎每天都要进行体力劳动。劳动能锻炼人的身体和灵魂。每天坚持劳动能使人延年益寿。自小到老一直从事劳动的人,到他生命的最后时间都仍然是一个完整的人:保持着良好的体力,头脑清楚,拥有丰富的知觉和情感。

◎每天徒步三公里(年幼者)至十公里。请养成在森林、草地和田野里行走的习惯。如果你每天需要步行两三公里才能到学校,并且去学校的路会经过草地,那这真是你的幸运。夏天的时候,请养成在满是鲜花、农作物和野草的田地里(特别是在小麦、大麦、燕麦田和长着三叶草的地方)行走几公里的习惯。

◎请让朴素和节制成为你的座右铭。在儿童时期不要吃太多甜食,最好完全不摄入碳水化合物。不要贪食,不要吃得过饱。当你感觉到还能再吃一点儿的时候就从餐桌前离开。

在哪些条件下，集体才能成功实现教育个人的职能

这条基于一定理论的建议，对于实际工作而言是非常必要的。首先最为重要的，是了解各种对人施加教育影响的基本原则及其之间的相互关系。这一点对于建立集体与个人之间的和谐统一尤为重要。

那么，集体教育力量的源泉在哪里？在哪些条件下集体才能成功实现教育个人的职能？

通过总结前面的一系列建议，我们可以得出结论，其中最重要的是以下几点：

◎每个人都应该理解并感知到这样一个真理，那就是在我们身边生活和工作的是人（我将这个条件称为对人的感知），他拥有快乐和忧伤，我们应该以人道主义精神去对待他，体察他的精神世界以及他此时此刻的情绪状况。如果每个人都不善于利用自己的智慧和心灵在人海中辨明方向，那么就不可能有集体，也不可能有对集体中每位成员的尊重，当然更谈不上自我尊重。

◎每个人都应该能够克制自己的欲望,善于将自己的欲望同他人的欲望进行对比,从而放弃自己的部分欲望。这种心灵上的重要品质是通过关怀课、人道主义课程(上文已经论述过)培养的。这些课的精髓在于,教育每个人用心去理解其他人的精神世界,帮助他人,为他人奉献自己的力量,将自己留在他人心中。善于为了他人的利益克制自己的欲望,具体表现就是我们通常所说的谦让精神。假如一个人不能做到这点,他的生活将变得一团糟。假如人人都为所欲为,世界也将变得如同地狱一般。

◎要持续不断地发展人的道德、情感、智力、审美和创造力。只有当集体在精神上不断成长时,它才称得上是集体,并发挥出巨大的教育力量。而这只有当集体中的每个人一天比一天更聪明、更开朗、更宽厚的时候才能做到。在这里,我们所谈的是集体持续不断地丰富精神的过程。换句话说,集体就像一个创造新人的雕刻家,坚持不懈地在雕琢自身的形象,用越来越多精细的线条丰富这个形象。

◎要有高度发展的自尊心和个人尊严感。我们发展、保护、爱惜每个人的自尊,培养心灵对良善和美的敏感性,这样也是在提高集体的教育作用。从五岁、六岁到九岁、十岁是人的精神生活中一段完整的时期,我称之为参加集体生活的准备阶段。在这一阶段，成人尤其不能有粗鲁、冷漠、无情的表现，因为这将会对儿童敏感的心灵造成重击，在此之后，他们的心灵将会变得像水牛皮一样坚硬、麻木。教师需要在这段时间小心保护好儿童敏感的心灵。要知道，如果你们让学生在他们幼小时心灵就变得麻木，那么等到少年时期，他们就会嘲笑你们的严厉批评或说教。一个人在幼年时期受到的惩罚越少，他对良善就会越敏感，他的良心守卫者——心灵就会越忠诚，由这样的个体所组成的集体就会越强大。

◎要使孩子有上进心，使他渴望获得别人的肯定。这是集体教育最能振奋人心的源泉之一，其间充满了丰富的道德关系和鼓舞集体活动的思想。当一个人看到同伴身上的闪光点，并且时刻感受到对美德的赞叹时，他自己也想成为更好的人。只有在受到崇高思想鼓舞的集体劳动中，人才会逐渐形成自尊，而这种自尊感也决定着人的精神面貌以及对待别人的态度。教育的智慧和艺术就在于启发学生认识他人，并用崇高的劳动目标去鼓舞整个集体。

◎不要在集体面前揭露孩子个人的弱点，不要"揭人短处"。一个人不应该害怕集体，而应该在集体中感到很快乐，因为集体能看到他的闪光点，并认为他是优秀的。

集体对个人的权威，应基于非常细微的人与人之间的关系。只有当集体看到的每个成员的优点多于缺点的时候，集体才能发挥教育作用。

◎要充分发展集体成员多种多样的兴趣爱好，组织丰富多彩的集体活动。如果学生缺少个性，就不会有集体。只有当集体中的每个成员都拥有独一无二的个性，当每个人都试图丰富集体成员间的相互关系时，集体才能发挥其真正的教育力量。

◎要使集体具有社会积极性。集体所拥有的教育力量的多少以及集体对个人影响的强弱，都取决于它所表现的社会意识有多明显。学校集体应经常参加社会活动，参与能提升人、使人变得高尚的活动。

◎集体内部应具备经济关系。如果一个人没有从自身经验中领悟到自己对集体财富所担负的责任，那么任何有关责任、义务、自觉服从、个人利益和集体利益相结合的真理都只是一些美好的愿望而已。多年的经验使我相信，正是从这种对集体财富的责任心中产生了集体内部领导与服从的组织关系的意识。

◎不可在集体中划分积极分子和消极分子，否则有的学生会感到自己注定是消极且无所作为的，而他的命运就只有服从别人。集体成员的积极性不仅仅表现在他是否善于要求和领导别人，这种积极性是多方面的、多样化的。教师应当鼓励集体中的每个成员在自己所擅长的活动中、在能充分展现自己天资能力和兴趣的活动中表现出积极性。没有个人的全面发展，现代学校中个人的社会积极性就无从谈起。集体中不应该有任何一个消极的、没有个性的、在任何方面都不展现自己的学生。集体也不需要仅在领导别人方面展现出唯一积极性的学生。集体中个人领导的权力应当来自因自身天赋、能力、才能和榜样作用而促使其在创造性劳动中所表现出来的积极性。要想成为学校集体中的领导者，首先意味着要在劳动过程中成为榜样。

◎应当有丰富多样的集体。只有当一个人积极参与不同的团体，并且在其中完成各种不同的任务时，集体的教育力量才会得到发挥。要有相互交错的兴趣爱好、不同类型的活动，只有这样，学生才能真正找到自己，并且有意识地发展自己的能力、才干和天赋，也只有这样，集体精神和个人精神才会保持和谐。缺少多样性的集体，就不能使所有学生都具有积极性。如果学生的生活仅局限在一个基础集体的框架中，这个集体就会"枯萎"，学生也会不可避免地产生消极情绪。

◎要使儿童、青少年关心他人，尤其是关心幼儿。只有当集体中的每个人都将自己的心奉献给他人、关心他人的时候，集体才会成为真正的教育力量。在观点、信仰和生活理想的形成阶段，这种关心尤其具有强大的教育作用。

◎集体的教育者要充满智慧。毫无疑问，集体是由教育者创造的，它不可能凭空产生，也不可能自行存在。没有聪慧的教师，就没有集体，因此，不能将那些去掉班主任、集体完全自主行动的所谓的"改革"视为认真的、先进的。这种改革是完全不可行的，就好比病人不可能自己治好自己一样。教师的智慧在于，他们不会让孩子们感觉到时时刻刻大事小事都被约束，也不会让他们感觉到自己在做样子监视他们，而是会让孩子们把教师的想法当成自己的想法一样提出来并去实行。一个真正的教育能手永远不会让孩子们感觉到自己是一个发号施令的人。但是，孩子们的年纪越大，他们对教师的要求就越高。成长到少年时期的人就已经能清楚地懂得，教师应当是集体的榜样、模范和良心。因此，青少年的教育者尤其应当深刻地认识生活和人。集体的教育者是让集体永不停止发展的力量源泉，这些发展包括精神道德发展、智力发展、情感发展、审美发展。

要想使这种发展变为现实，教育者需要每天都触动学生的理智和心灵，需要经常在他们面前展现人的生活中和精神世界中的新鲜事物。

在学校集体中什么可以讨论、什么不可以讨论

多年的教育工作经验使我相信,不是一切学生行为都可以拿到学校集体中进行讨论。以下几点不可以在集体中讨论:

◎ 不能讨论由家庭中或明显或隐蔽的不正常现象(比如父母的反社会行为、争吵、不合)所引起的儿童和青少年的不良行为。如果他们清楚地知道自己的行为和家庭生活之间的联系,那么他们的不良行为尤其不能拿出来讨论,因为暴露这些阴暗面会使他们感到压抑。

◎ 如果由于家庭重组所导致的精神创伤使孩子产生了一些不良行为和举动,也不能在集体中讨论。不管孩子破坏纪律的行为多么恶劣,如果他没有亲生父亲或母亲,就坚决不要在集体中讨论他的行为。

◎ 如果孩子的行为或个别行动客观上是对父母或者包括教师在内的其他成年人的粗暴抗议,这些行为也不应在集体中讨论。这一点之所以重要,与其说是因为要维护成

年人的权威，不如说是为了保护孩子的利益。如果孩子是在用不良行为表示抗议，那么在他看来，批判他的这种行为是不公平的。

◎不能讨论由教师的错误所引起的少年儿童的不良行为。在分析学生的不良行为时，教师绝对不可以说"现在是在说你的问题，不是说老师的，老师的问题与你无关"这样的话。在讨论学生的错误时，也同样不可以讨论教师的错误。

◎由于教师没有公正地评价学生的学习所引起的不良行为不可以讨论。正像我们所讨论的其他问题一样，这里同样有关学生的委屈心理。这种心理就像一个娇嫩脆弱又任性的小伤口，你越关注它，越触碰它，它就越疼得厉害。最好办法是让这种委屈的"小伤口"静静地自己待着。一般来说，集体中有些事情不应该拿来讨论，不是因为孩子没有明辨是非的能力（有时候他们的这种能力不比成人差），而是因为没必要再一次去触碰伤口。在许多情况下，面对这种委屈"伤口"，尽量避免它再次出现会更有效。

◎如果一个学生智力发展异常，或者他已经很努力了，但教学材料对于他而言仍然力不能及，由于这种原因所导致的学习落后，不应该在集体中讨论。教师应时刻注意区分懒惰、懈怠和不理解、不擅长。如果教师没能做到这一点,他就不能被称为一个真正的教育者。在面对集体的时候,把完全不同的东西当成懒惰、懈怠,将会带来很多伤害、痛苦和委屈。

◎如果学生在解释自己的不良行为时会涉及和同龄朋友、年幼或年长朋友之间的私人友谊时,也不要在集体中讨论。在这种情况下要求学生坦诚,会让学生感到在出卖、背叛自己的朋友……学生之间的关系并不像乍看起来那样简单。关于荣辱,孩子们有自己的认知和信仰,这种认知和信仰应该得到尊重。

◎与家庭中的特殊关系有关的不良行为不应在集体中讨论,这种特殊关系让孩子们知道还为时尚早。应当小心谨慎、悄无声息地处理这类行为。

当然,还有很多其他不良行为不应该公开讨论、大肆声张。这些行为很难归纳,也很难找到能够统一衡量的标尺以及涵盖所有的标准。

有一天,正当我在写这些条目的时候,六年级出了这样一件事。

一个叫尤里科的学生无缘无故地说自己的同桌弗拉基米尔没良心。我们的学生都懂这个词是什么意思。如果尤里科没有任何证据就指责，弗拉基米尔一定会觉得非常委屈。但恰恰相反，弗拉基米尔感受到了良心的谴责，觉得自己有错。这到底是怎么回事呢？尤里科是近视眼，但他的眼镜质量又不怎么好，他透过镜片看到的物体位置跟实际位置总有出入。在绘画课上，弗拉基米尔便开尤里科的玩笑。他把一种颜料放在尤里科面前，尤里科刚一低头准备画画，他就把颜料移开几厘米，这样尤里科就用错了颜色。尤里科发现这一恶作剧之后，非常生气，还在回家的路上哭了起来。全班同学都听到了"没良心"这个词，但是除了弗拉基米尔，没人知道发生了什么事。而我知道这件事是在两天之后，而且不是从尤里科那儿知道的，是弗拉基米尔主动向我承认了错误。尤里科三天之后也来找我，并请求我不要将弗拉基米尔的行为告诉任何人……

多年的教育工作经验让我确信，在我们这项困难的、有时很费脑子的事业中，必须遵守一条非常重要的规则，那就是：如果学生自己能理解并处理好他们之间的复杂关系，就没必要安排集体讨论处理。

有的老师可能会有这样一个问题：那到底哪些事情可以让集体来处理呢？我想说，没有任何事情。

这里我来进一步解释。如果是过错，那完全不应该在集体中讨论、处理，这是因为，首先，真正的教育是让不良行为完全不要发生；其次，集体是作为一种教育力量而存在的，是来影响每一个人的，而不是用来处理各种各样的过错的；第三，集体所处理的冲突越少，其教育的效力就越大。

此外，还有一条极其重要的规则：要善于在冲突的萌芽时期就平息事端，而不是煽风点火，使其愈演愈烈。

人们可能会说："你赞成无冲突教育？"是的。在教育小孩子（正是小孩子）的时候，我主张不采取严厉批评和其他强力手段去施加影响，因为这不会带来任何好处。坚决不要把"成年人"社会学中的概念和规则带到儿童世界中。震惊、冲突和愤怒在儿童教育中并不是客观必要的，因此，最好不要采取令儿童震惊的教育方式。

集体的课余活动体现在哪些方面

精神生活的富足并不取决于课余文艺活动,相反,集体的课余文艺活动是精神生活充实富足的结果。在集体中,对别人的感知越强烈,每个人给其他人带来的精神财富就越多,每个人在其他人面前展现的内在美就越明显。这种造福于集体的共同劳动中产生的内在美被认识得越充分,这个集体就越能真正关心每个成员的命运,越能对人与人之间的相互关系施加影响,并努力让这种关系成为人道主义的关系,还能对"我想做什么就做什么"的蛮横态度表现出高度的坚持原则、严厉批评和不可容忍。

我的青年朋友,请努力做到让以下这种相互关系准则成为集体课余文艺活动的根基,在这种相互关系中,集体对个人的每一个要求同时也是集体对个人的关心和爱护。在这里,我简短地说一下学校中的集体相互关系准则,在这种关系中表现出的对人的要求和对人的关爱是和谐一致的。

◎从四年级开始,每一个学季班集体都选出一名学生负责记录家庭作业的完成情况和考勤情况。每个学生一走进教室,就要向教师小助手汇报自己是否完成了作业;如果没有完成,要说明具体原因。小助手要把家庭作业的检查情况总结好交给教师(比如,有三个同学没有明白题目的要求,有一个同学不会做四则运算题)。各个科目的教师在每个班级都有一个助教(也可以有几个)。这个助教通常是学习成绩最好的学生,其学习进度往往在教学大纲要求之前,并且他所掌握的知识比"优秀"要求得更多。教师在听完关于家庭作业完成情况的汇报后,就立刻安排小助手:请你帮助辅导哪些同学,向他们讲解某些问题,完成哪些实践工作。在某些必要的情况下,教师要亲自补课。助教只能在课前补课,而不进行任何课后补课,因为要让所有学生放学后都马上回家,不要留任何学生在学校补课。如果想补课的话,就课前来补。但正是因为学校的全部工作中始终贯穿着相互信任的精神,教学也是建立在尊重人的基础上,每个人都能做到首先严格要求自己,也就不会出现需要进行补课或辅导的学生一大早不来补课的现象。

◎集体选出一名学生负责总结学生进行社会公益劳动

的情况。我们学校里的所有班级都需要轮流在学校的试验田或者集体农庄里劳动,每天都有一至两个班级参加(视具体情况来定,但必须一整年不间断)。

组织这种社会公益劳动的学生,负责进行记录,内容包括谁参与了劳动以及具体的劳动情况。如果有同学因正当理由当天不能参加劳动,可以请组织者将他改派到明天或者后天。但没有、也不可能有任何正当理由可以让谁免去劳动。

◎自二年级起,每个班级都有一个学生负责管理班级的财物(图书、教具、练习本、画册、颜料、卫生用具、运动室里的体育用具等),并负责安排教室的值日。班级每天安排两名值日生,需佩戴袖章。他们的工作内容比较多,需要在课前提前十五分钟进入教室,用湿抹布擦干净黑板和课桌,要在教室门口铺上地垫,不让学生把灰尘带入教室,因为吸入灰尘有害健康,放学以后还要用湿抹布再擦一遍黑板和课桌。

◎每个班级每年都需要选出一名学生负责记录同学们的健康情况。他们负责统计学生在家进行晨练的情况,每周都要询问哪个学生没有进行晨练,哪怕是一天也要汇报。随后班主任要和这些没有进行晨练的学生进行关于自我教育的谈话。健康负责人还要把身体不适的学生记录下来，汇报给教师，然后教师安排生病的学生去就医。

◎自三年级起，每个班级选出一个学生负责关注学生记分簿的情况。由学生自己将教师评出的分数记入记分簿，并且由负责检查日记的学生在记分簿上签名，而不是老师来签。我们尤其重视集体的业余活动，其中充分体现了集体成员间相互信任的精神。在这儿我要说明一下：如果一个学生还没有达到完成某项学习任务的能力，我们就不会给他打分。因为分数仅仅是对学习结果的肯定，没有分数，意味着还没有按照要求去学习。这样做可以避免负责检查日记的同学与班级同学之间关系不融洽：负责检查日记的学生永远都不可能给另外一个学生在记分簿中打上不及格的分数，如果一个学生记分簿里有一门功课，例如法语课，没有任何分数，这就是一个让学生父母不安的信号了，因为这意味着他们的孩子没学到什么东西。

◎从四年级开始，在每个学季和学年结束之前，班集体都会决定哪个学生的操行分数应降低。这个对学生来说非常重要的问题，应当在班会上进行讨论决定，并且教师和学生在班会上应有同等表决权。此外，学校还有一条规则：如果班集体在该问题上的意见不一致，就交给教务委员会进行讨论并作出最终决议。但我所任教的学校还未出现一定要由教务委员会评定的情况。此外，操行分数的评定并不需要由教务委员会批准。

以上就是集体内部在组织和物质生活方面进行课余活动的基本内容。这是基于集体课余活动建立社会关系和精神道德关系的必要条件。我们努力让课余活动鲜明地体现精神生活，尤其是社会生活。这对于青少年在社会和道德上的成熟有着决定性意义。我在前文中所谈到的所有关于参加学科兴趣小组活动、为当地居民举办自然科学知识晚会，以及参加多年龄层集体活动等，都是生动活泼、富有创造力的课余活动。

什么是课堂上的思想教育

在教育、教学的实践工作中,有这样一个众所周知的观点:传授知识和培养道德是同时进行的,传授知识的过程就是培养道德的过程。这种启蒙学派的道德观已深深植入很多教师的思维中,所以,要他们摆脱这种僵化的观念是非常困难的。他们觉得学生在课上获取知识的过程就是进行思想教育的过程。"教育由教学而来""道德通过知识得到"——这些都是启蒙学派基础道德观里错误的论断,会让人产生一种自我安慰的心理。

生活让我们坚信,学习知识,了解自然科学规则和社会规律,通过回答问题获得好成绩——都不等同于道德教育。只有在知识转化成信念时,教育才真正开始。只有真理触及一个人的灵魂和内心,促使他用实际行动去证明、捍卫神圣而宝贵的真理时,才可以被称为信念。要学习知识,尊重信念。缺乏一些具体的知识,不代表一个人没有道德修养。但缺乏信念,即使学富五车,也说明这个人在道德上面目难辨。

我建议青年教师们：能够分清知识和信念的区别，才能称得上是一名真正的教育者。要为信念奠定基础，激发道德的热情，使坚定的信念持之以恒。

你们要知道，自然和社会方面的知识是科学、社会、道德思想的基础。思想是具体知识和信念之间的桥梁，知识通过思想演变成信念。思想不仅仅是知识，它的一部分灵魂就是一个人对他所知道的事物所持有的个人态度。你们可以细致地了解尤利乌斯·伏契克[1]英勇的斗争和悲剧的一生，然而了解他的传记故事只是一种知识的获得，还称不上领悟了思想内涵。当读者打心底敬佩这位英雄时，思想才会产生。如果你们的学生愿意为这位共产党员英雄所奋斗的事业奉献自己的一生，与英雄并肩前行，在这种情况下，那你们作为教育者，接触的就是思想。思想的特点是在理解客观事实的基础上作出总结和归纳，对事件、现象和事实的看法有着独到的见解和鲜明的感情色彩。

信念产生在具体知识转化为思想的过程中。教师的任务就是让这种转变能鲜明地体现出来，让学生不做毫无感情的"知识需求者"，而是成为与真理和正义的胜利有切

---

[1] 捷克作家、新闻工作者、文艺评论家。

身利害关系的人。

并非任何知识都是思想教育的材料。有一些知识在思想上是中性的（但并不意味着在教授这些知识的课上没有教育）。在学习简单乘法公式的时候，科学真理与道德的关系在任何学校的作用都是相同的。即便是自然科学的一些学科，也有很大一部分知识的诞生伴随着激烈的思想斗争和冲突。很多科学真理是人类付出极高代价才获得的——杰出的思想家为此献出了他们的生命。朋友们，我建议你们要特别细心地对待这些研究真理的工作。在讲述太阳系的时候，要在语言上对那些反对因循守旧、愚昧无知以及反对奴役的思想家们充满敬意。要使为真理而斗争的思想家们的形象深深刻在学生们的心里，使他们懂得：真理的诞生，都是革命性的。

在讲授物理、化学、生物、数学等学科知识的时候，不要毫无感情地说明真理，要努力启发学生的探索精神，为真理而斗争。讲述自然科学的学科知识时，要使对学科知识的认识、理解与领悟，变成孩子们的思想和心灵，引导他们与那些反对哲学、不学无术、盲目相信教条、禁锢人类思想的封建思想作斗争。人类求知的精神，探寻真理与知识的激情，是无法抑制、不可熄灭的；要让这样的思想贯穿于你们的课堂教学中。

善于动脑的教师,特别注意研究自然科学教学大纲中可能会有新发现的部分,以及科学尚未考察或尚未充分解释的部分。善于动脑的教师们在讲述空间与时间的相互关系,物质与能量的实质,光、粒子和反粒子的本性,重力作用等概念时,善于让学生们懂得这一切都是人类智慧的胜利。当你们在课堂上为学生展示宇宙的广袤无垠和空间与时间的无限性时,注意不要让学生只感到自己异常渺小。

在人文学科的课堂上,没有也绝不可能有思想上的中性材料。朋友们,如果你们是历史教师,你们的教育任务首先是要看到,那些听你们上课的孩子不是抽象的学生(这样的学生是不存在的)。你们要看到,你们面前是一个个具体的、鲜活的、独特的人——科里亚和尼娜,瓦利亚和谢尔盖,等等。这些人都有自己独特的思想感情,有他们的雄心壮志和干劲儿。这一点很重要,只有人有了属于自己的个性,思想才能沸腾。思想只能存在于人具体的精神世界里,存在于人的思维、行动和斗争中。无论你们在为学生讲述着什么——斯巴达克领导的奴隶起义、反对俄皇保罗的宫廷阴谋、策划二战的秘密勾当或者英雄的斯大林格勒大会战,你们所面对的是一个个具体的青少年的精神世界。请你们铭记，你们面前的是科里亚和尼娜，瓦利亚和谢尔盖，思想仅存在于他们的心灵与脑海里。所以，我的朋友们，请你们记住，你们作为人文学科的教师，必须使科里亚和尼娜，瓦利亚和谢尔盖不是一个个呆板的知识需求者，而是这些历史事件的真实参与者。人类社会的历史始终充满着斗争：在有剥削阶级的社会里，是进步与反动的斗争；在无产阶级社会主义社会里，是人们为建成共产主义社会而进行的斗争。历史学科的教育奥秘在于，要赋予正在掌握知识的人一个战士般的灵魂。

如何让孩子们听了你们的课就成为战士呢？这取决于两个先决条件。这两个先决条件又取决于身为教师的你们，取决于整个教师集体，取决于整个学校的精神生活，取决于学校参加社会生活的积极性。

第一个先决条件，是在学校和集体生活中、教学和公益活动中，充满时代先进精神。只有人们理解和感觉到我们整个时代的意义和先进性，才有可能决定自己的立场，并在掌握知识的过程中站在进步的一边。只有孩子们的脑海与心灵理解并感受到我们的时代是英雄的时代，我们眼前正在实现伟大的事业时，课堂教育才可能拥有思想性。只有通过时代的透镜，才能正确地看到和理解任何历史事件的意义。让孩子们理解时代精神，是学校最困难的任务之一。

第二个先决条件，是教师的思想与个性的和谐统一。想赋予事实以思想意义，使具体知识转化为信念，就必须有教师的个性。思想来源于书籍，有的书籍像火中的铁块一样炙热，像阳光一般灿烂。对教师而言，引导孩子的思想，仅靠自身知识储备是远远不够的，必须对知识加以思考。要思考你们从人类财富的宝库中得到的一切和你们要教授给学生的一切。我坚信，不是每个学富五车的教师都具备思考知识的能力。思考知识，就是要了解、预见每一个道理会触动人内心的哪一部分，引起什么思想和问题。思考知识，就是要设身处地地为孩子着想，要善于听取他们的意见。如果教师善于思考知识，那么他的学生就会有一种少见的才能：在领会教材知识时，他们仿佛能脱胎于教材，通过思考教材来反思自身，思考自己的未来。

教学的思想性是激发求知欲的重要条件之一。学生们越是鲜明地确立自己的思想立场，越是相信人类追求真理的愿望不可摧毁，他们就越想知道更多。那些课堂思想性强的学校中，书本都是学生形影不离的伙伴。读书并独立思考书中的内容，是思想滔滔不绝的源泉。思想和信念的本质是，人总相信和看重通过自己的劳动和思考获得的东西。如果你们想让学生们所学的知识转化为强烈的信念，就要严格避免死记硬背、死啃书本，避免"生吞"现成的大道理却不去思考。谢尔盖·拉佐说过："信念通过磨难才能获得，要检验信念的生命力，要与别人的信念切磋……一个人应做到，与其背弃自己的信念，不如牺牲自己的生命。"对知识的思考，应成为与别人信念的"切磋"。不应把关于科学和社会的知识当作不容反驳的道理提供给学生，而是要作为不同意见争鸣的结果来讲述给他们，并让这种争鸣在课后读书的过程中持续进行。要为学生推荐合适的书籍，强调这些书籍中所阐述的道理不是现成的、永不熄灭的火焰，而是由那些为真理而斗争并取得胜利的人们用心灵之火点燃的火炬。

要让美德极富吸引力

既然十七岁的孩子喜爱明亮的事物,那我们就让最崇高的伦理与道德原则变得光辉灿烂。有一些教师认为,人之初、性本善,我们的道德原则不需要用特别的方式呈现给人们,不需要对其进行任何"装饰"。事实却不是这样的。道德的原则越高尚,揭示原则的活动就越要富有表现力。如果我们只是喋喋不休地唠叨,要正直、要诚实,以毫不容忍、不可调和的态度对待虚伪,那这些话会让学生们心生厌恶。学生们对待这些话,就好像对待有益身体健康但又令人作呕的鱼肝油一样。正直、诚实、不欺骗,应该是一种让人激动的、吸引人的、有诱惑力的行为(在此指出,行动与美德的结合是实践教育学的主要议题之一)。做到了这一点,孩子们在需要独立完成作业时,就会觉得偷偷地抄课本是一种羞耻的行为。如果我们喋喋不休地一直强调,凭自己能力做作业才是正确的,抄袭、剽窃别人的劳动成果是可耻的,那么再好的言语也会变成惹人厌恶的唠叨。我们努力启发孩子，让他们用行动来证明道德是美好的、令人向往的。我们的学生自幼年起，每个暑假都会在"蔚蓝天空下的学校"里住上几天。我们把孩子们在夏令营用的草棚或树枝搭起来的窝棚称为"蔚蓝天空下的学校"。在这里，孩子们自备食物并照顾自己的一切。在去"蔚蓝天空下的学校"之前，孩子们要把食物送到"秘密储藏室"的纸袋子和金属罐里（我们让整个过程充满浪漫主义色彩）。整个过程不采用实名记录，每个孩子送食品时没有任何人在场。从没有一个孩子做出欺骗别人的行为，这种现象也是不可想象的。在这个活动中，孩子们都感到自己在用劳动和努力为集体创造快乐。如果有人做出了欺骗集体的行为，大家都会认为这是在窃取集体的快乐。

孩子们在儿时都有属于自己的财富——集体图书。在每学年结束即将升入新年级的时候，孩子们就把图书转交给低年级的同学们。在个别情况下，也可以把图书赠送给低年级的一位同学。这样的事会让孩子们内心激动，终生难忘。

孩子们努力为那些丧失劳动能力的鳏寡孤独者带来快乐。每年春天，高年级的学生们都会为孤独的老年人开垦花园。这样助人为乐的劳动具有浪漫主义的色彩。此时孩子们内心的想法是：人终究会有老去的那一天，当我们老去的时候，年轻一代的孩子们也会来关心我们。要在学生小时候就培养他们这样的情感。关爱老年人，是最崇高的、极具吸引力和浪漫主义情感的劳动。朋友们，你们要抓住每一个机会去触动孩子内心深处所埋藏着的对老年人的那份关心。关爱老年人，是最令人感动的爱。粗鲁无情地对待老年人，会让社会受到严重损害：人们的心会变得冷漠。

什么是教师的权威,应如何呈现

在教育研究领域中,最细微但又最缺少研究的问题,是人对人、年长者对年轻者的权威问题。在教师的教育手段中,对孩子们使用权威是最普通但又最不安全的方法。它好似一把手术刀,可以细致地治疗伤口,但也会刺痛伤口。这把手术刀不安全,但又必不可少。它是考验教师意志与克制精神、确立勇气与智慧的工具,但同时又可能会伤害学生的心灵。总而言之,一切都将取决于如何使用这把手术刀,以及怀着怎样的目的对待人。随着时间的流逝,我越来越坚信,教师对孩子们的权威是衡量教师教育工作水平的标准,是对教师最困难的考验之一。

我的朋友,当你走进学校的大门,决定为塑造人的崇高事业奉献一生的时候,请注意,你有可能陷入难以控制的矛盾情绪之中。要善于控制自己的情绪,不能轻率地作出决定。这是教育艺术永不干涸的源泉之一。如果这一源泉枯竭,那么一切书本知识都将化为乌有。

当一个人对另一个人无限信任，那这个人就会放下戒备。我在从事教育工作时，始终铭记这个道理。孩子对一位好老师的信任是无限的。当一个孩子成为你的学生，他就开始信任你，你的每句话对他来说都是真理，对他来说，你就是智慧、理智、道德的典范，要珍惜这种信任，换句话说，要珍视孩子对你毫无戒备的状态。我希望我的经验之谈能成为你的自我修养标准。如果教师想要把孩子的毫无戒备变为对他们的限制，并肆意管控他们，那就是教育工作上的愚昧无知。教师丧失权威的主要原因之一，就是不理解孩子的毫无戒备。你要知道，把人像鸟一样囚禁在笼子里是绝不可能的。

只有在你理解孩子对你无限信任以及因此产生了毫无戒备的状态，并在这种状态的基础上建立对孩子的权威时，你才有资格被称作一名教育者。要仔细思考、用心体会这种来自孩子的无限信任。或许，孩子盲目信任作为教师的你，有意识地放弃了个人的一切；或许，他正在放弃自己的自由和快乐。

事情不能这样发展。孩子的信任不管多么无限，都是这样一种信任：他追求精神和生活的多样性，追求思想和美的享受，追求与人丰富多彩的交流。孩子希望有这么一位年长的、极富智慧的、有生活经验的人关心他们的利益。教师要像爱惜珍宝一样爱护他们的愿望。只要他们的这个愿望还在，他们的心扉就永远为你打开。孩子的上进心也来源于此。因此，你应珍惜孩子想和你成为朋友的愿望。

因为孩子无限信任自己的老师，所以他坚信，无论遇到任何困难，这位年长的朋友都会有解决的妙计。

珍惜孩子对你的无限信任是非常必要的。要想让教师和孩子之间的关系永远和谐、相互关心，教师就必须做到聪明睿智、热爱孩子、保护孩子。教师对孩子的权威必须是睿智的——要永远铭记，孩子是和你一样的人。要爱护孩子对你的信任，因为这种信任是出于对你的热爱，这一点是教师对学生拥有明智的权威的原因。这种信任让孩子希望能从教师那里得到保护。只要孩子对你满怀信任，你就是一位真正的教育者，就是生活智慧和权威的化身，是孩子的朋友。你要注意，这种信任很脆弱，极易破碎。如果这一切都破碎了，你就称不上是教育者，只能算是一个监护人。

如何珍惜孩子的信任

在这个极其细致的教育工作领域里,最重要的就是要深刻理解,确切地说,就是要用心去体会孩子的生活和世界。

孩子的世界是特别的。孩子们分辨善恶好坏有自己的准则,也有自己的审美标准,他们甚至对时间也有属于自己的一套测量方法:在孩子的世界里,一天仿佛一年,一年好似永远。

为了能进入这座名叫"童年"的神奇宫殿里,你必须展现另一个自己,也就是在某种程度上变成孩子。只有这样做,你才能对一个孩子拥有明智的权威。

朋友们,不要以为我把孩子的世界描述得太过理想化了。我很明白,童年是我们成年人留在孩子身上的影响。然而,孩子是终将会长成参天大树的幼苗,所以他们的童年需要我们格外尊重。教师若想恰当地使用权威,就要能理解孩子的一切。这种理解力不应受到任何限制。要知道,孩子是不会故意做坏事的。如果一位教育者固执地认为孩子就是有意做坏事，那就是教育上的愚昧无知。这样的教师在"砍掉劣根"的同时，也砍掉了孩子所有的根，结果，孩子童年的幼芽全部毁于一旦。无中生有地责骂孩子故意犯错、好吃懒做、粗心大意，会让孩子抱屈含冤，与教师貌合神离，丧失对教师的信任。破坏了孩子对教师的信任，孩子就会变得刁蛮任性，故意不听教导，想尽办法违背教师的要求。请你铭记，只要你和孩子之间产生信任危机，这种现象必然会发生。

对于孩子出于无意、无知、误解所犯下的错误，要采用明智的教育态度。出现这样的情况时，不要当众训斥孩子，仅有你一人知情即可。你有理解一切、包容一切的明智的权威。你应理解，为何一个一年级的孩子会从同学漂亮的铅笔盒里拿出彩笔，摆弄一阵后偷偷放进自己的口袋里。不必过分惊讶——这并不是偷窃。你要理解：为何上课的铃声响彻校园时，孩子们不回教室，恋恋不舍地想在草地里多玩那么"一小会儿"；为何费佳不专心听老师分析题目，却认真地看那只飞进教室的蜜蜂；为何澳克桑卡不和大家一起朗读，却在纸上画了一朵花；为何三个调皮的学生米克尔卡、皮里普克和比德里克在树林里游玩的时候故意脱离集体，偷偷藏在树林里……

总之，像这样的"为何"是数不胜数的。矛盾冲突也来源于此。教师和学生之间的冲突是教师不懂教育的表现。这种情况出现的原因在于，教师缺乏对学生犹如父母对孩子一样的宽容，不懂得自己是在与孩子的行为、思维、看法打交道。绝不可把孩子当作成年人对待。既能衡量孩子，又能衡量成年人的统一标准是不存在的。

我记得有一个叫德米特里的小男孩。那时候他在读一年级，事情发生在语法课上。你可以想象一下，你在黑板前讲解语法规则，学生们都在认真听课，记录着例句。德米特里好像也在做记录，但你却很担心这个孩子。因为他正在注意课桌后面的某个东西，眼睛滴溜溜地转着，顾不上听你讲的语法。你悄悄走到他身旁，发现他正在把玩一个半开着的火柴盒，里面好像有一个小东西在动。德米特里聚精会神地看着火柴盒，他的视线和思想都集中在火柴盒上。仔细一看，火柴盒里有一只小到几乎看不见的甲虫，它长着一对锯齿状的小角，正试图用小角锯开火柴盒，但无论如何都锯不开这个禁锢着它的"小监狱"。

你当然可以怒气冲天，把这个孩子训斥到哭，要他承认错误，而自己则气得浑身颤抖，可这又有什么用？这样做的唯一结果就是白白浪费时间,小甲虫成了全班学生关注的对象,孩子们羡慕德米特里,嘲笑你发脾气。

在此时,你要想一想,轻声说:"孩子,你这是怎么回事?你可以先听课,把小甲虫放在旁边半个小时。"然后,你把火柴盒放进自己的口袋里,用手抚摸着德米特里的头,为他重新讲一遍语法知识。这时候,他做着记录,看来这次他听进去了。确实总有这样的孩子:虽然他一只眼睛看甲虫,一只眼睛看黑板,但还是听进去了一些东西。

下课后,德米特里走到你的讲桌前面,低头不语。长长的睫毛下,一双眼睛闪闪发光。你一下就能发觉,他的眼神里还有一丝狡黠。你把小甲虫还给德米特里,问他是在哪儿找到的这新奇的小东西,是如何让小甲虫努力锯开这个"小监狱"的,下一步还打算让小甲虫做什么。德米特里兴高采烈地为你讲述着,拉着你来到灌木丛,告诉你小甲虫每隔三年才出来一次,还会飞。

听孩子讲述这类故事时,有的教师往往对孩子表示刻意的友善,从教育智慧的高峰降下来以迁就孩子的兴趣。但孩子们常常不能接受这样的所谓"宽容的态度"。真正的教育,不是从教育智慧的高峰降下来,而是努力追寻孩子世界的真相。这是一种上升,而不是下降。不应过分迁就孩子，不要适应孩子兴趣的"局限性"（如果教师不去限制孩子的兴趣，就不会存在这种局限性），要做一个睿智的教师。

一个人对另一个人拥有明智的权威，尤其是成年人对孩子的权威，是一种巨大的创造性活动，是对孩子的思想感情所做的深入而真诚的理解，教师要懂得孩子们的语言，让自己拥有一定程度的稚气，但又不要把自己和孩子等同起来。有的教师，本身还是一个家长，竟然把学生带到教师休息室里审问："告诉我，为什么你总在课上笑？你什么时候才能改掉这个臭毛病？你作为少先队员应该这么做吗？"我看到这种情况时，就觉得这位教师唐突地加入了孩子的游戏，但他不懂这仅是一场游戏。那个孩子沉默不语，当然他也不知道该说些什么。如果这个五年级的孩子同样以教师质问他的语气来回应这些问题，倒挺让人惊讶的。孩子其实也不知道自己为什么笑，教师却不能不知道，他有义务知道学生为什么做出这样或那样的行为。但事实却是，他们互相不了解。有时，看着这样的教师和学生，我不禁产生了一个疑问：难道他们是在用不同的语言交流？

要知道，孩子，尤其是少年时期的孩子特别喜欢"展现自己"，展示自己的意志和智慧、聪明和有办法。这些孩子会在你的帮助下认识世界，并逐渐长大成人。在这个复杂又困难的成长过程中，教师使用权威需小心谨慎，因为年长者的意志很容易衍化成肆意妄为，有时甚至会变成对别人的迫害。

请不要压迫、摧毁孩子内在的精神力量，要支持、帮助孩子们；不要让孩子失去个性，要守护他们的自尊心。只有这样做，我们所拥有的权威才是明智的。孩子们犯了错误，不要用暴力手段对他们施压，不要让拳头重击桌子的声音和训斥声响彻你那复杂的人道主义实验室。希望你不要让一个活泼好动的小淘气变成一个垂头丧气、惶恐不安、双目无神、弯腰驼背、可怜巴巴的孩子，也希望你不要喜欢这样的情景。你应保护孩子作为人的自豪感和个人荣誉，要把这些看成最高尚的品德。对作为教育者的你来说，头脑聪慧、对任何事都有自己独特看法的小淘气，是你教育的幸福所在；那些独立思维被你强势抹掉、像影子一样没有任何意志、对你唯命是从的孩子，才是你教育的不幸。你要知道，那些不听话的淘气包，在紧要时刻可能会表现为一个善良、好心的人，但那种无意志的、唯唯诺诺的孩子，则往往是麻木不仁、冷漠无情的人（他自己意识不到这一点），甚至会把自己的幸福建立在亲人的痛苦之上。摧毁学生意志的那些粗暴的教育手段，会把学生变成一个冷漠无情的人。

要用书籍、智慧和信念去影响学生的内心

我曾有一个学生叫尤拉,他天资聪颖而又固执倔强。他对真理与谬论、诚实与欺骗好似芦苇对微风那样敏感。

有一天,我给思想图书室送来了几本关于异国风光的小书。尤拉看到一本描写深海的小画册后开心极了。他想读这本书。

当我把书借给他时,他非常激动地问我:"我读完了这本,您还能借给我其他的同类书吗?"

"当然了,孩子,你每天借一本都行。"我这样回答他。

可我非常不谨慎地说了大话,因为在那个时候,我所有描写异国风情、海底世界、热带雨林、北极风光和描写奇闻轶事的书籍加起来是不够他每天都读一本的。尤拉第二天如约来还书了,并且请求再借给他一本新的。如此过了好几个星期,书架上尤拉感兴趣的书不多了。终于有一天,我不安地想,再过一个星期该怎么办?

这个念头让我寝食难安。因为这个五年级的学生绝对

不可能想到他会把我的书读完。如果让他觉得我骗了他，那该如何是好？我们之间的友谊会荡然无存，重要的是这个小小的思想图书室里再也不能看到这个孩子充满信任的眼神，再也不会听到他问我："您还有其他的书吗？"（其实我的书架就在图书室隔壁，当时很小，我没带尤拉去看，怕他会觉得失望。）问题还在于，我对这个孩子的心灵会失去影响力，而我相信他具有这样独特的性格，就是因为他愿意接近那些即使是小事也会言出必行的人。

于是，我从我所在的那个遥远的乡村出发，去了哈尔科夫、波尔塔瓦和基辅三个城市。我花了自己两个月的工资，但心情非常愉快。我吃力地带回了满满的几大包书，心里念叨着，可千万别让尤拉看见。

又过了三年，尤拉读完七年级毕业了（那时候学校是七年制）。在那三年的时光里，我一直在想，要把什么书借给这个孩子读。我感到，这个孩子思考的不仅是书籍里的内容，他似乎在通过书籍对读这些书的人作出判断，他喜欢思考，对人要求严格，在那几年的光阴里，他是我的评判者。他读的书内涵越深刻，我们的交谈就越有趣，他和我的关系就越近，我们的交谈给我带来的快乐就越多。

对我而言，这三年曾是一段真正富有挑战的时光。也是自那时起，我每年都会碰到几个像尤拉一样的学生，他们聪明好学、充满求知欲，又拥有着敏感细腻的心灵。如果没有书籍，我是很难影响到他们的意志和信念的。相反，因为有书籍的存在，这些青少年的兴趣像火苗一样被点燃。我曾经常感觉到自己一直处在学生们的严格监督之下。要是有一天我停止探索书籍世界，我就会失去对学生们心灵的掌控。他们不再需要我，因为我不能给予他们更多的知识。而如果一位教师什么都不能给予自己的学生，他就只能成为不受学生欢迎的监护人。学生们会尽力忍受他，却不会尊重他。

亲爱的朋友，我想建议你：要影响孩子的思想。没有比影响学生的思想更有效的办法来影响学生的意志了。当然，影响学生思想的前提，是你在书的陪伴下有着丰富又充实的生活。只要你的方法得当，那些个性鲜明、固执任性、桀骜不驯的学生，也会变成书迷。用智慧和书籍去感染他们吧！

如何做教育工作计划

这个问题没有固定、现成的解决办法。一切让教师的注意力脱离教育本身的东西和形式上的官样文章都是完全不需要的。但做教育工作计划不在其中,因为它是教育工作的重要组成部分。没有计划,就不会有完全合格的教育工作,特别是教育工作中那些棘手的问题,更是无法想象该如何解决。

做教育工作计划的前提是明确教育工作的目标。教师对于把送到他手里用来加工的"大理石原料"做成什么样的东西,必须心中有数。这一点关系到教师对教育工作的实质和对计划必要性的理解。

你刚开始教授一年级的学生(有时你的教育工作从孩子的学前阶段就开始做起),你的任务虽是将孩子教到三年级,但你必须思考教育工作的整个过程,直到孩子中学毕业后走向社会、长大成人、为人父母。教师要为未来十至十五年内要进行的工作(不仅在学校,还有在学生毕业以后）制订一个计划，以便于让你的学生成为头脑睿智、智力发达、求知欲强、心地善良、双手灵巧的人。首先你要列一份书单，列出那些世界名著，让你的学生在在校十年期间读完这些书。还应列一份"后备"书单，列出学生毕业走向社会以后应读的书籍。如何让学生在毕业以后仍然是我们的学生，并且阅读那些他们应该阅读的书籍呢？关于这一点，就是写一整本书也无法阐述清楚，因为这是一个极为重大的问题。

然后，你对下面的这个问题要进行思考并写成文字：为了成为真正的人，理解什么才是劳动、荣誉、尊严、友谊、和对人的关怀，你的学生从入学的第一天直到成年，应该为自己的父母和他人做些什么？接着，你要制订学生应参加哪些公益活动，以此作为公民教育的第一课。同时，我建议你还要列一份杰出人物传记的书单，让这些杰出人物成为孩子们的榜样。没有公益劳动，只是读这些书籍，是无法带来任何有益效果的。

随后，在大概弄清楚学校培养人要达到什么目标时，也应制订自己从事教育工作期间更加具体的计划。例如，低年级的教师应制订三年计划，九到十年级的教师应制订班级九到十年级整个期间的工作计划。此处，我建议你要特别关注处在幼年和少年时期的孩子。九到十岁的孩子和十三到十四岁的孩子在回顾过去的时候,应能看到自己亲手创造出来的成果。他们应该懂得什么是劳动的辛苦和收获,疲惫和休息是什么,困难是什么。

学生在校期间的一般计划和教师教育的具体计划——这两个计划在一定程度上是一个教师制订工作计划的目标。在这个目标的基础上,还应制订为期较短的具体工作计划。这种计划的时间周期可根据你个人的情况来定,可以为期一周,也可为期一个月。有一些教师会制订整个季度的计划,这也很好。但你要明白,教育工作是一项处在不断发展变化中的工作,学生也时时刻刻都在不停地成长。周期较短的工作计划可以让你经常不断地检查、比较目标的实现情况。

实际生活决定计划。你的学生刚刚进入学校学习的时候,你并不知道他的个性将会如何发展。个性是在活动、劳动和日常的相互关系中形成的。生活本身就在时时刻刻提醒你该如何计划,例如:要让学生读什么书,鼓励学生参加什么劳动,如何用谈话的方式促使万尼亚和科里亚阅读他们应该读的书。

教育工作既包括学生各种各样的活动,也包括家长的教育工作。如果你在制订计划之前就对各项活动的道德意义和目的性进行过深入思考，那整个计划对你来说将大有益处。所以，继承和发展已取得的成果，是做计划和进行实际工作都必须具备的特点。可以说，教育成功的秘密在于经常重复做同样的事情，但是学生们又感觉不到他们是在重复做着同样的事。例如，为了培养学生的高尚品德和同情心，必须要求他们经常做好人好事，但这种活动不应该是单调的。这时，作为读者的你可能会想：要是作者你能具体给我们制订一个为期一周或为期一月的具体教育工作计划就好了。我是有意回避这种做法的。因为传播经验只是在传播一种想法和主意，而借鉴经验则是个人根据自己特定的具体情况，用借鉴来的想法和主意进行创造。

如何与集体进行有教育作用的谈话

每一次有教育作用的谈话都是有目标的。有时其目标也具有普遍性,关系到整个学生集体。有时,集体谈话是为了影响整个学生集体,并在此基础上影响个别学生。

无论是在思考集体的精神生活,分析学生的思维、感情、行为时,还是在拟定教育性谈话的内容时,你都应记得,进行这些活动最主要的手段是语言。你是通过语言去打动学生的思想和心灵的。语言可以是强力、热情的,也可以是苍白、无力的。这要看你的谈话内容是否具有崇高的精神,是否能让学生振奋起来。我们在培养孩子的时候,要善于激发他们的坚定信念,并鼓舞他们进行自我教育。请铭记,你的语言不仅能向学生传达你所讲内容的意义,还能把自己的心灵交给他们。

教育谈话能鼓舞、激励学生的先决条件,就是你要深信你所讲的内容和用整个心灵所捍卫的一切都是正确的。只有当你在捍卫某种东西、为了某种东西在进行斗争时,你的教育谈话才会产生鼓舞人心的力量。

例如，你发现一些学生有冷漠无情的表现：根纳基卧病在家好几天了，但没有一个人去探望他，每个人都认为其他人已经去探望过了；维克多的祖母住院了，医院近在咫尺，但他两个星期内只去探望过一次。这些孩子的行为让你很是担心，所以你计划进行一次教育谈话，但你在谈话中不打算提到这些具体的事实。教育和自我教育有一条重要的规则：道德审判（在道德上对行为予以评价）的力量取决于谁是道德上的法官——是教师，还是犯错误的学生本人。如果犯错误的学生只是在听候宣判，那教师的话就起不到太大的教育作用。一个人应该自我审视。我认为一场成功的教育谈话，应该让学生不需要教师提醒就能反省自己的过错。

所以，教育性谈话的进行，须遵守一条重要规则：用那些能体现出人与人相互关系的真实案例来表达你所阐述内容的中心思想。你的教育性谈话的作用在于，要让思想能够通往维克多的心灵，通往根纳基身旁的同学们的心灵。你阐述的真实案例是否具有代表性，决定着这次谈话是否可以激励孩子们的内心。只有你的言语源自崇高又美好的思想时，别人才能感受到你的心灵。在进行教育性谈话时，你应选择那些令人惊讶和赞叹的真实案例。现在我给出一个实例。我们这儿的一个农村里，有一位年轻的拖拉机手在战争结束后受了重伤。他在枪林弹雨里摸爬滚打了四年都毫发无损，但刚复员回乡驾驶拖拉机，就被地雷炸成重伤。这个年轻的拖拉机手从此一蹶不振。他的妻子是一位忠诚的伴侣，一个勇敢的女人、慈爱的母亲。在妻子的悉心照料下，这个失去了双腿和左臂的年轻人站起来了：他学会了用义肢走路，并且又开起了拖拉机。在这个故事里，你感受到了在可怕的灾难面前，这位年轻人表现出来的英勇和坚强。你要做的，就是把自己心灵的感受传达给你的学生们。

教育人，就是要教人自我反省。你在讲述令人惊叹的故事时，面对的是那些不知何故在心中已经萌生一丝对别人持冷漠态度的学生。你所面对的不是某个抽象的学生——这种学生是不存在的；你面前是具体的维克多和尼古拉、亚历山大和尤里。你了解他们此时的想法，你的谈话首先是针对他们的。你应努力让他们也像你一样能感受到这个英雄故事所带来的震撼，并能体会到其中蕴含的思想。学生们只有体会到真实案例中的思想，才能进行自我反省。

在教育谈话过程中不能对学生说:"你们要想想你们自己的行为,反思自己……"口号式教导应包含思维本身的逻辑。孩子只有在自我反省的时候,才能唤醒内心的灵感,你的灵感也就成功地传递到了他们的心里。灵感是一个人在进行思维活动和创造性活动过程中能量和才能的高度发挥。用思想和心灵去认识人,才是真正的创造性活动。能量和才能高度发挥时的特点是,头脑清醒,思想、形象和志向不断涌现。

教育谈话的最终目的是要唤醒学生对自己、对客观世界产生源源不断的想法。只要你的谈话有教育意义,学生们即使忘记了你为他们讲述的真实案例,谈话产生的影响也会让他们永远铭记。你越是用崇高的思想——人对他人的真诚、关心和热情——去激励学生,就越能启发他们自我反省和自我教育。当你的目光在一瞬之间与维克多的目光相遇时(不要刻意用眼睛去寻求目光相遇,要追求偶然相遇),你在这个自己非常熟悉的孩子的眼睛里发现了两种神情:渴望了解自己和惶恐不安。这就说明你的谈话起作用了,一种复杂的内心情感活动开始了。这个孩子带着困惑不安的情绪离开了你,这正是我们需要的。让孩子们连续几天处在你为他们带来的印象之中,让他们在你点燃的明亮火光中看见自己心灵深处别人看不见的角落里隐藏着的是什么。

谈话只是一个约定俗成的说法。实际上，这个过程并不是在交谈，而是学生在听教师讲话。千万不要如此对学生说："来，就这个为自己的亲人奋斗了十年的女性，谈谈你们的看法！"令人遗憾的是，有一些教师有时就是这样做的。如果以这样的方式结束你的谈话，那么这场谈话就会失去一切效果和意义。教育不是让学生把教师讲述的内容重复一遍。教育的首要目的是让学生拥有上进心，而要达到这个目的，就要让他们认识自己、了解自己。

有时会有这样的情况出现：一个孩子（或者是一个青年）犯了错，教师就以此为谈话内容，从这个学生谈起，并在谈话中夹杂着对这个学生极度厌恶的情绪。有一位我认识的教师美其名曰"充分发挥事实的作用"。乍一看，好像这个办法很管用——刻意狠狠地"责骂"学生，使他"震惊"。我们可以打个什么比方来说明这种办法呢？如果你的衣服上布满灰尘，为了把衣服弄干净，有人拿着棍子敲打你的后背。这个办法当然有效果，衣服上的灰尘确实被打掉了。但我相信，任何人都不认同以这样的方法来"除尘"。最好的办法是把衣服脱下来，仔细地清理掉灰尘……教育不是责罚，更不应衍化成惩罚，要尽可能地讲究教育的艺术。

如果你认为集体谈话就是谴责个别不良行为，那么谈话就压根谈不上任何教育意义。因为个别的不良行为和缺点不属于整个集体。那些不善于处理学生缺点和毛病的教师，往往会在这个问题上犯错误。更何况我们是在和处在青春初期的孩子们打交道，而这一切又是那么脆弱……不要想着一蹴而就地清除孩子身上的缺点，不要期望用一句急躁、愤怒的话语就可以让孩子改掉坏毛病。你要知道，集体与有缺点的人的关系，就像常人与处于贫困中的人的关系一样，不要号召集体共同对付那些还未克服缺点的学生。你这样做的后果不会引起集体的愤慨，而是会让集体对那个处在困境中的人表示同情。这完全符合常理。所以，你不要想着一下就把脓疮烂根整个挖掉，这样做只会形成一个流血的伤口。教育好似一门精细的医术，要根治脓疮，挖除它不一定是最好的办法。绝对不能在结束教育谈话的时候，让人带着流血的伤口离开。这种做法会让集体感到震惊，而这种震惊绝不是你期望看到的结果。

与集体进行教育性谈话时，要让集体像对待痛苦与不幸一样对待缺点（确切地说，要这样来考虑问题）。不仅如此，还要加深对处在困境中的人的同情。要让集体拥有这样的感情：大家都希望看到自己的同学成为有美好道德的、改正了缺点的人。

如何与懒惰作斗争

我在本书接近尾声的时候才探讨这个问题,这并非偶然。因为,想要让学生不懒惰,就要按照前面那些建议中提到的一切好的建议去做。戒掉懒惰并不是一件简单的事,而预防懒惰更难。但预防懒惰所形成的对劳动的热爱,要比戒掉懒惰所产生的勤奋宝贵一千倍。所以,年轻的朋友们,让我们来探讨一下如何预防懒惰的问题。为此,我们必须了解懒惰的根源。

懒惰是游手好闲和虚度光阴之子。懒惰的人往往在小时候就有大人可以做到满足他们的一切要求,作为孩子的他们只会提要求,刁蛮任性。在一切都那么容易得到,不知道困难是什么的情况下,就会产生懒惰的人。无忧无虑、一帆风顺的童年环境会让孩子觉得童年会永远持续下去。这种环境就是使一个好端端的孩子变成懒惰的人的主要原因。在这种情况下,父母通常会有一天忽然意识到:这是怎么回事,不知不觉中,孩子已经长大成人了!昨天还害怕天黑后出门，今天已经在追求姑娘，在外面疯玩到半夜了……懒惰是无忧无虑的波浪泛起的泡沫，这是一种严重的精神问题，它产生的根源就是冷漠。对任何事情都漠不关心的人，会慢慢变得异常懒惰。

伴随着懒惰的是缺乏自尊心，对别人的看法完全不在乎。

游手好闲的人总是在浪费别人创造的财富。但一个人有足够的物质享受，也就是说有条件当个寄生虫，并不代表他的精神生活丰富。懒惰的人在精神上是空虚的。懒惰的根源之一就是精神生活空虚、缺乏兴趣爱好，懒惰是一种不幸，而根治懒惰的办法之一，就是要让那些不幸变懒惰的人能够正视自己、看到自己的不幸，并打心底认为这是一种不幸。请记住，我们在此谈及的是孩子的懒惰。

消除游手好闲和虚度光阴的现象，是预防懒惰的重要方法。在一个人的精神生活中，不应有一事无成的阶段。有的家长专门为孩子制造游手好闲、无事可做的条件，并称这种条件为"孩子的暑假休息"，这是非常荒唐的。休息只应该是积极的休息，也就是变更活动的性质。比如，城里闷热时，可以让孩子们去郊外，让他们在田间和草地上从事一些力所能及的活动，锻炼自身的能力。

控制欲望也是预防懒惰的有效方法。要让人们自幼就通过亲身的体会懂得"不可""必须""可以"这些概念的意义。教师要和家长一起让孩子从小就学会生活自理。

要让人自幼就经历一些挫折，并花费一定程度的体力和精神力量去战胜挫折。体力和意志力结合在一起发挥作用，有助于让孩子成为热爱劳动、积极上进、意志坚强的人。

家长要把孩子看成未来的成年人，并考虑到，如果孩子把懒惰、懈怠、害怕困难这些毛病带到青年和成年时期，他将如何生活。让孩子像成人一样有操心事，也是预防懒惰的有效办法。如果一个人在进入青春期之前还没有切身体会到，依靠自己的双手劳动来供自己吃穿是人生最重要的因素，那就不可能真正培养出其热爱劳动的品质。

懒惰不仅是手脚懒，还指思想懒。当一个人让别人提供现成的思想，且不经任何努力就接受这些思想时，懒惰就会占据这个人的心灵。正如不假思索地消费别人用劳动所创造的物质财富会使人手脚懒惰一样，直接把现成的思想"放在嘴里"咀嚼，也会使人产生思想上的懒惰。要想促使一个人努力求得知识，就要预防他思想上的懒惰。

丰富精神上的需求，是预防懒惰的途径。孩子在童年时代，特别是在青少年时代，就要养成热爱劳动、喜爱读书、乐于交友和从事创造性活动的精神需求。只有这样，孩子才能获得预防懒惰的免疫力。积极地培养这些精神需求，把这些精神需求当作一个人宝贵的财富，是教育学理论和实践中一个重要的议题。

你或许会问："如果一个人已经成为懒惰的人了，该怎么办？"例如，五年级的学生斯基帕的妈妈来到学校，无可奈何地说："我实在对孩子一点儿办法都没有了。他回家把书一扔，吃完饭就开始玩，一直玩到晚上。"

面对这种情况，我们该怎么办？

要拯救这个孩子。我们向他妈妈建议道："既然您亲手培养了这个小懒虫，那就请您下决心把他改造回来！要强迫他做两小时功课，他会慢慢习惯，并感受到完成作业所带来的快乐。不要打骂，无须责罚，因为您这是出于好意，而不是恶意。完成作业以后，可以让他干一两个小时的体力活。早晨五点就让他起床，对他说：妈妈为全家准备早餐是一种劳动，你去准备功课，也是一种劳动。这样做的时候不要呵斥，不要说您的孩子是懒惰的人。从他开始早上五点钟起床并一直学习到七点钟的那一刻起，他就已经不是懒惰的人了，应该得到表扬。"

用这种简单的办法无法改造孩子的例子是没有的。改造懒惰学生的唯一障碍就是家长懒惰。

我并非无缘无故谈及在家庭中改造懒惰学生这个问题。因为懒惰在家庭中产生,也在家庭中得到根除。如果家庭中缺乏热爱劳动的气氛,仅靠学校的努力是不可能取得好效果的。我们的家长教育学校常常研究这个问题:懒惰的根源在哪儿?我们会用教育心理学的方法对老少两代人的行为、劳动、学习和相互关系进行分析。预防懒惰,需要学校和家庭共同努力。

最后一条建议——保密……

我在本书中提出的所有建议仅供教师参考,不必让学生知道。学生了解教育工作,通常是没有益处的。这是因为,对学生施加教育影响能产生效果的先决条件,是要自然地进行这件事。也就是说,学生不必在每个具体情况下都知道教师是在教育他。教育意图要隐藏在友好和无拘无束的氛围中。

为什么不能让学生感到别人正在教育他呢?因为真正意义上的教育应该是自我教育。教师和学生之间应该是这样的关系:教师针对青少年的思想与心灵所说的每句话,都能激发他们内心的精神力量,促使他们的大脑和心灵产生内在的活动,从而进行自我反省和自我完善。如果一个人知道他自己正处于被别人教育的状态中,那这个人的自我反省和自我完善的能力就会变弱。他会产生这样的想法:我应该成为什么样的人,我应该做什么,成年人都会为我安排好,我只需等他们的指令就行了。

优秀的苏联教育家安东·马卡连柯经常说，不让学生知道他们在经受某种专门的教育过程，对教师来说是非常必要的。这个道理，我向这位导师学习了一辈子。我坚信，隐藏教育意图，是教育艺术十分重要的组成要素之一。

年轻的朋友们，请一定让教育孩子、热爱和尊重孩子、严格要求孩子、和孩子交朋友——这一切成为你们精神生活的本质。

培养一个人,首要就是认识他的灵魂,看到并感受他的个人世界。

——〔苏〕B.A.苏霍姆林斯基

图书在版编目（CIP）数据

给教师的建议 /（苏）B.A. 苏霍姆林斯基著；朋腾译. —昆明：晨光出版社，2022.3
ISBN 978-7-5715-1155-5

Ⅰ.①给… Ⅱ.①B…②朋… Ⅲ.①教学理论 Ⅳ.①G42

中国版本图书馆CIP数据核字（2021）第106522号

GEI JIAOSHI DE JIANYI
给教师的建议

〔苏〕B.A. 苏霍姆林斯基 著　朋腾 译

出 版 人	杨旭恒
总 策 划	杨旭恒
责任编辑	李 政　常颖雯
特约策划	胡志远
出　　版	云南出版集团 晨光出版社
地　　址	昆明市环城西路609号新闻出版大楼
邮　　编	650034
发行电话	（010）88356856　88356858
印　　刷	固安兰星球彩色印刷有限公司
经　　销	各地新华书店
版　　次	2022年3月第1版
印　　次	2022年3月第1次印刷
开　　本	130mm×185mm　32开
印　　张	12.5
字　　数	198千
ISBN	978-7-5715-1155-5
定　　价	58.00元

退换声明：若有印刷质量问题，请及时和销售部门（010 88356856）联系退换。